教育部　财政部全国财政职业教育教学指导委员会审定
全国高职高专院校财会系列教材
QUAN GUO GAO ZHI GAO ZHUAN YUAN XIAO CAI KUAI XI LIE JIAO CAI

基础会计

(第三版)

Principles of Accounting

■李惟庄　主编

中国财政经济出版社

图书在版编目（CIP）数据

基础会计／李惟庄主编．—3版．—北京：中国财政经济出版社，2011．11
全国高职高专院校财会系列教材
ISBN 978－7－5095－3201－0

Ⅰ．①基…　Ⅱ．①李…　Ⅲ．①会计学－高等职业教育－教材　Ⅳ．①F230

中国版本图书馆CIP数据核字（2011）第213217号

责任编辑：樊　闽　　封面设计：郁　佳

中国财政经济出版社出版

URL：http：//www.cfeph.cn
E－mail：cfeph@cfeph.cn

社址：北京市海淀区阜成路甲28号　邮政编码：100142
发行电话：88190406　财经书店电话：64033436
北京财经印刷厂印刷　　各地新华书店经销
787×1092毫米　16开　13.25印张　263 000字
2011年11月第3版　2011年11月北京第1次印刷
定价：26.00元
ISBN 978－7－5095－3201－0/F·2710
（图书出现印装问题，本社负责调换）
本社质量投诉电话：010－88190744

编委会名单

序　言

近年来，我国的高职高专教育得到了迅猛的发展。高职高专院校每年招生人数占全国高等院校招生总人数的一半以上，可以说已经占据了高等教育的半壁江山。与此同时，社会对技能型人才需求旺盛，各行业第一线操作型、技能型人才有大量缺口。有专家称：中国经济目前仍然是短缺经济，其中最大的短缺就是教育短缺。而现阶段最短缺的教育是实用教育。目前的现实情况是：一方面各用人单位缺乏好用、实用的人才，另一方面大学生毕业找不到工作。教育脱离现实，教育体制不甚合理是一方面原因，教材编写无法满足高职高专教育实际需要也是很重要的原因。与高职教育发展速度相比较，高职高专的教材建设相对滞后。虽然这几年出版了多种版本的高职高专教材，但在内容、结构、形式等方面尚不能完全满足高职高专教学的需要。

为了满足高职高专院校人才培养的需要，我们通过招标的方式，邀请了全国部分省市的高职高专院校财会教师，共同编写了这套财务会计系列教材，共九种十八本。包括：《基础会计》、《财务会计》、《成本会计》、《财务管理》、《管理会计》、《会计电算化》、《审计》、《纳税筹划》以及非财会专业使用的《会计基础》。其中，会计专业八种教材都配备了《实训与练习》；为强化会计专业学生毕业岗前培训，我们还为此套教材专门配备了《会计综合实训》，以方便教师的教学和满足学生不同的实训要求。

参加本系列教材编写的人员都是具有多年教学经验，并有一定实践经历的双师型教师。我们聘请的审稿人，也都是会计领域的专家、教授。

培养优质、实用的技术人才，实现高效、充分的直接就业，是国家大力开展高职高专教育的目标。本系列教材即是针对高职高专财会类专业学生的培养目标、知识结构、职业能力和就业方向等要求组织编写的。按照《教育部关于加强高职高专教育人才培养工作的意见》中要求的高职高专毕业生应具有基础理论知识适度、技术应用能力强、知识面较宽、素质高等的特点来安排教材内容。各门专业基础课理论内容以必需和够用为度，以应用为主旨，突出实践性内容，以培养学生的专业技能为核心，保证学习内容和企业实际需求的高度一致，培养立即能用得上的技术、立即能用得上的人才。

本系列教材具有如下特色：

一是内容新。本系列教材以财政部最新颁布的《企业会计准则》、中国注册会计师协会编写的《中国注册会计师执业准则指南2006》为主要编写依据，同时兼顾《小企业会计制度》，详细阐述了企业各种经济业务的会计处理方法。

二是编写手法新。本系列教材全方位、多角度地反映了企业的各种经济业务内容，使教学内容更贴近会计实务。同时注重了会计知识的组合、扩张、链接和创新，给读者以全新的感受。在叙述上采用多样化形式，不落俗套。教材中既有会计历史的回顾，又有经典理论的讲述，更有引人入胜的案例剖析，还有启迪思维、风趣可读的思考题，能激发学生的学习热情和兴趣。

三是形式新。本系列教材采用师生互动、灵活多变的编写形式，穿插多样的提示模块，帮助学生理解学习内容。同时，着力改善教材的视觉效果，用新形式衬托教材的创新特色，便于学生理解和接受，从而达到提高学习效果的目的。

本系列教材适用于高等职业院校、高等专科学校、成人高校及本科院校举办的二级职业技术学院、继续教育学院和民办高校的财会类专业使用，也可作为在职财会人员岗位培训、自学进修和岗位职称证书考试的教学用书。

可以预见，随着我国经济的不断进步，社会对高职高专层次的人才需求会进一步扩大，高职高专教育将得到进一步的发展。希望本系列教材能为发展我国的高职高专教育，培养21世纪技术型、应用型人才贡献我们的力量。

全国高职高专院校财会系列教材

编审委员会

2007年5月

第三版前言

《基础会计》（第二版）于2007年6月出版以来，已三次印刷，发行量2万余册，受到广大读者的欢迎和厚爱，我们全体编写人员表示由衷的感谢！2006年财政部发布了《企业会计准则》38项具体准则，同时又制定了《企业会计准则——应用指南》，要求上市企业于2007年1月1日起执行，并鼓励其他企业执行，执行《企业会计准则》而不再执行现行准则、《企业会计制度》、《金融企业会计制度》以及各项专业核算办法和问题解答。这也就是说，执行38个具体会计准则，按《企业会计准则——应用指南》处理会计事项，是今后全国企业处理会计事项的方向，为此我们对《基础会计》一书按新的《企业会计准则》作了修订，以满足广大读者学习和工作的需要。

本次修订由上海立信会计学院教授李惟庄负责编写第一、二、八、九、十一章，浙江丽水职业技术学院副教授王剑盛负责编写第三、十章，湖北经济学院副教授郭德松负责编写第四、七章，山东淄博职业学院讲师滕学荣负责编写第五、六章，全书由李惟庄总纂定稿。

本书的这次修订，除了保持原有的特点外，内容更趋完善。但由于水平有限，疏漏之处在所难免，恳请广大读者批评指正。

编　者

2011年10月

目录

第一章 导论

什么是会计?

中国会计学界的定义是:会计是以货币作为主要计量单位,以提高经济效益为主要目标,对经济活动进行连续、系统、全面和综合的反映和监督,并进而进行预测、控制、分析和决策的管理活动,而且是一个以提供信息为主的管理活动。

美国会计学会的定义是:"会计是确认、计量和报告经济信息的一种程序,其目的是为了协助信息使用者作出明智的判断和决策。"

事实上,会计又被称为"商业语言"。对这门"语言"理解得越好,对你今后的人生越有帮助。美国的一项调查表明:公司经理们都认为,对大学生来说,会计比其他任何商业课程都重要。

以下,我们将开始对会计这门商业语言的全面学习。只要你有信心,就一定能学好。为了你的将来,你应该有学好它的雄心!

相关链接

四大文明古国是中国、巴比伦、埃及和印度。

第一节 会计的产生与发展

一、古代会计

美国斯坦福大学商学院的亨格瑞教授在他所著的《会计学》一书中写到:"会计历史悠久。会计记录可以追溯至古代的中国、巴比伦、希腊和埃及。"

■ 远古的原始公社社会,先人们为了把生产的耗费和劳动成果记录下来,采用"结绳记事"和"契刻记数"来记录。这时的"账簿"是打过结的绳或经过契刻的木头。那时的会计活动仅仅是把收支数量和日期记录下来,作为计算、分配、安排劳动时间的依据。虽然当时的账簿极其原始,记录的数字仅仅只能是正整数,但它确确实实形成了会计的雏形。

■ 公元前2500多年前巴比伦的"芝诺账簿"较结绳、刻木已有了很大的发展。当时,巴比伦人为了计算和分配劳动产品,开始在泥块上记录牲畜和农产品的数量,记录以后为了长久保留的目的,他们把这些泥块烧结成陶片,这就是至今还保存在埃及博物馆的"芝诺账簿"。它是会计账簿远在4500年前确已存在的历史见证。

■ 世界上最早关于会计用于政府收入、分配的记载,要数公元前2000年罗马国家档案中的记载了。它记录了当时罗马政府的收入、分配的情况,从繁多的收支可以看出,当时已有专人负责这项工作。

■ 公元前一千多年，我国的西周就设置了“司会”的官职掌握周王朝的赋税收支，进行月计岁会，即所谓的零星算之为计，综合算之为会，并以此出现了“会计”一词。在宋朝初期更出现了旧管（期初余额）、新收（本期收入）、开除（本期支出）、实在（期末余额）的四柱清册，并列出了“旧管+新收-开除=实在”的等式。它是我国会计产生的一个重要见证。

经济的发展，导致生产者日益繁忙，会计的记录、计算、分配等工作不可能再附带地完成。作为一种专门的管理活动，它逐渐从生产职能中分离出来，并逐渐发展成为一门独立的学科。

二、会计的发展

■ 13世纪末，在意大利的佛罗伦萨产生了借贷记账法。

■ 15世纪末，意大利的数学家卢比·帕乔利更著书《簿记论》，第一次从理论上系统地介绍了威尼斯的复式记账法，被会计界推崇为会计发展史上的重要里程碑。

相关链接：

《簿记论》第一次系统介绍了复式记账法，是会计发展史上的重要里程碑。

■ 17世纪，荷兰学者西蒙·斯蒂文著书确立了复式记账年度平衡原理。复式记账方法得到完善和推广。

■ 18世纪的60年代，随着英国工业革命的发生，生产规模空前扩大，成本计算方法、折旧基准的建立使会计得到了长足发展。

■ 20世纪初叶有“科学管理鼻祖”之称的泰勒发表了《科学管理原理》的伟著，并在企业推广其管理模式。这种先进的管理方法和技术被引入了会计领域，导致了成本会计的产生和发展。

■ 20世纪初，公认的会计原则在美国首先出现。随着美国经济的迅速发展，人们认识到，会计不仅只是事后反映，更应该对成本有所预计和控制，更重要的是对企业未来的经营管理能提出多种方案，事先预测其效果作为企业未来经营决策的依据，以便获得最大的经济效益。于是，管理会计应运而生。

■ 20世纪50年代末美国制造了第一台计算机，并在20世纪60年代运用到会计领域。

■ 自从进入20世纪中后期以来，IT技术的飞速发展及其广泛应用，一个全球化、信息化、网络化和以知识驱动为基本特征的崭新经济时代已经形成。应对全球经济环境的变化，无论是会计实践还是会计理论都将进入一个新的、更快的发展阶段。

综上所述，随着社会的进步与发展，会计学科分别经过古代、近代而发展到现代。在其产生与发展过程中，生产力发展带来的经济发展因素至关重要。我们相信：随着科技的进步，会计还将应对更多的挑战，因而得到更大的发展。

第二节　会计的对象和职能

一、会计的对象

会计的对象即会计所反映和监督的内容，具体地说就是以企业发生的各项

经济业务为对象，记录和反映企业本身的各项生产经营活动。

(一)制造企业的生产经营活动

制造企业为了进行生产经营活动，必须有原材料、机器设备、厂房和现金，而所有这些财产物资的货币表现，包括现金本身统称为经营资金，简称为资金。

制造企业在供应过程中，以现金或银行存款等货币资金去购买各种原材料、低值易耗品等各种劳动对象，这些原材料、低值易耗品等被储备起来以备日后生产之用。在这个过程中，货币资金转化为储备资金。

在制造企业的生产过程中，资金转换形式为：(1)从仓库领出材料进行加工——储备资金转化为生产资金；(2)以货币资金直接支付工资和费用——货币资金转化为生产资金；(3)厂房、机器设备的磨损以折旧形式计入产品价值——固定资金转化为生产资金；产品加工完毕报交验收入库——生产资金转化为产品资金。

在制造企业的销售过程中，资金的转换形式主要是产品销售出去，收回货款——产品资金转化为货币资金。

另外，企业可以根据生产经营的需要，以货币资金或固定资产对外投资，这也是制造企业资金运动的一部分。制造企业资金运动过程可以用图1-1说明。

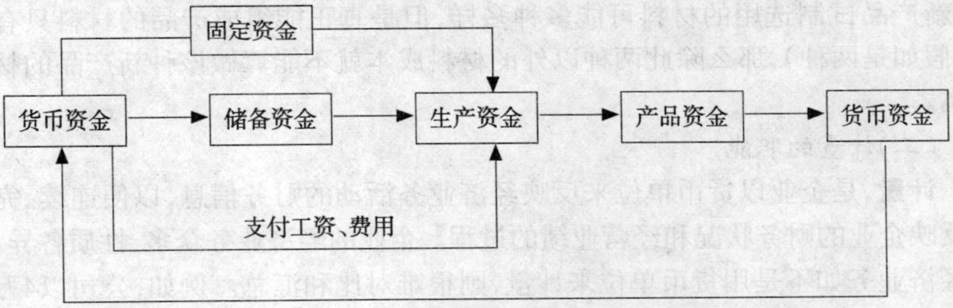

图 1-1

(二)商品流通企业的经营活动

商品流通企业经营活动较制造企业简单，因为商品流通企业经营环节只有商品采购和商品销售两个。在商品采购过程中，企业以货币资金购入商品——货币资金转化为商品资金；在销售过程中，企业销售商品取得货款——商品资金向货币资金转化。与此同时，企业设备、经营用房所用的固定资金也随着商品销售得以逐步回收为货币资金，企业的资金就是如此不断循环周转。商品流通企业的资金运动过程可以用图1-2说明。

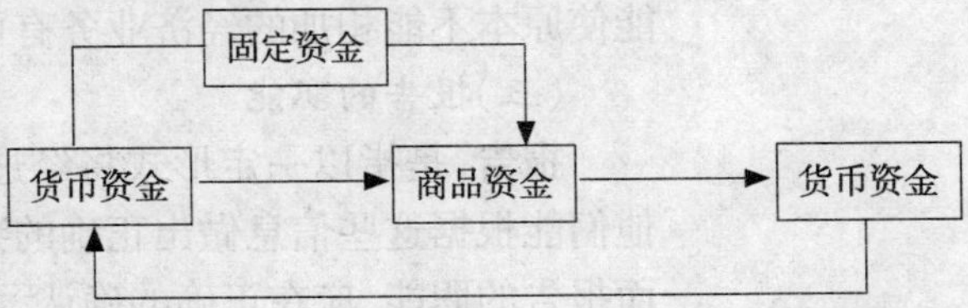

图 1-2

(三)旅游饮食服务企业的经营活动

旅游饮食服务企业的资金也是伴随着经营活动不断循环周转的。企业通过自筹自有资金和借入资金的投入购置设备、房屋、原材料等，使企业拥有经营活动必须具有的服务能力——货币资金转化为经营服务资金；通过提供客房、餐饮、导游等服务取得收入——货币资金转化为服务资金。旅游饮食服务企业的资金运动过程可以用图1-3说明。

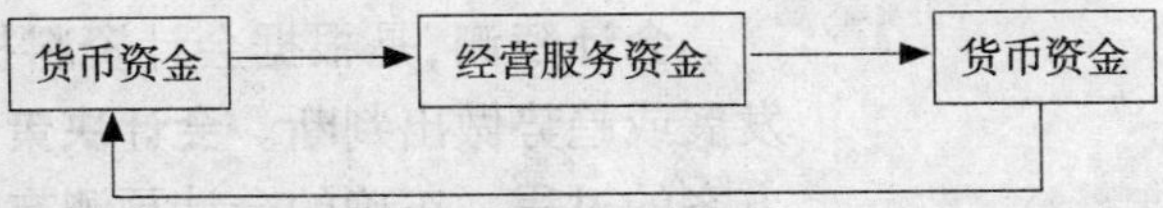

图 1-3

（四）金融企业的经营活动

金融企业的资金是随着企业的经营活动不断循环周转的，企业通过吸收存款，卖出金融债券筹集资金，再通过向企业贷款，支付债券利息、偿付金融债券本金，金融企业通过筹集资金，运用资金这样周而复始的循环构成了金融企业的资金运动。

二、会计的职能

会计的职能是指会计具有的功能。现代会计在经济活动中越来越被人们所重视，会计的职能也从最初的确认、计量和报告，扩展出预测和决策的职能。

（一）确认的职能

提示：
现代会计职能包括：确认、计量、报告、预测和决策。

确认，是指会计人员辨认和遴选应当记录在会计账册中的有用数据的过程。企业的一个经济业务可能产生许多的经济数据，而这些数据有的是有用的，有助于管理者做出合理的判断和决策，这些数据就必须及时确认并记载于账册之上。有的数据非但没有用，而且可能据此产生错误的结论并使决策失误，这些数据则绝对不能记录于企业的账册之上。由此可以看出，会计确认十分重要。例如，新产品试制选用的材料可能多种多样，但是真正能组成产品的材料只有几种（假如是两种），那么除此两种以外的材料成本就不能算做该种新产品的材料成本。

（二）计量的职能

计量，是企业以货币单位来反映经济业务活动的财务信息，以便连续、完整地反映企业的财务状况和经营业绩的过程。企业的经济业务众多，性质各异，不同经济业务如不是用货币单位来计量，则很难对比和汇总。例如，公司以4万元购入10台电脑，以2000元购入40盒打印纸。显然，电脑和打印纸是不能直接相加的，因为这样没有意义。只有把购买电脑和打印纸所支付的资金相加——40000+2000=42000元，对公司才有经济意义。

由此可见，会计的货币计量是必不可少的，只有通过货币计量经济业务，才能使原本不能相加的经济业务有可能相加汇总，才具有意义。

（三）报告的职能

报告，是指以一定形式将经过确认、计量的会计信息提供给信息使用者，使他们能根据这些信息做出正确的判断和明智的决策。确认、计量是报告的前提，而报告的职能，应在正确的确认、可靠的计量基础上完成。

（四）预测和决策的职能

会计预测，是根据会计资料提供的信息，对企业的资金运动整体或局部的发展或趋势做出判断。**会计决策**，是根据会计资料在若干可行方案中选择最优方案的过程。正确的会计预测有利于企业合理安排资金的使用，有利于最佳发挥资金使用价值从而提高企业的经济效益。科学的会计决策是企业资金安全和保值增值的保证，是企业提高经济效益的决定性的条件。

第三节　会计法规体系

会计法规体系是指由《中华人民共和国会计法》(以下简称《会计法》)、会计准则、会计制度以及在此基础上制定的企业财务报告条例和会计基础工作规范等一系列会计法律、法规、制度和规范的总称。

《会计法》是由全国人民代表大会统一制定的有关会计的法律,它是一部规范我国会计工作的基本法规。会计准则是由国务院暨财政部依照《会计法》制定的行政法规,它包括基本准则和具体准则两个层次。会计制度是在《会计法》的统驭下,依据会计准则由财政部制定的统一会计核算制度。会计基础工作规范是以《会计法》为依据,由财政部颁布的对会计基础工作方面所作的具体规范。以上这些构成了我国完整的会计法规体系，为我国会计工作提供了法律依据，同时也为规范会计工作提供了详尽的、系统的理论依据和实施办法。促进了我国会计工作的规范化、系统化和信息化,为我国会计事业参与国际会计事务提供了基础。

提示:

会计制度随着我国会计具体准则的全部推出及正式实施将逐步退出会计行业。

一、会计法

《中华人民共和国会计法》由全国人民代表大会制定,它是一部规范我国会计工作的基本法规。

我国现行的《会计法》是1985年由全国人民代表大会常务委员会通过并颁布,并经过1993年和1999年两次修订。

新修订的《会计法》共有7章、52条,具体包括总则、会计核算、公司企业会计核算的特别规定、会计监督、会计机构和会计人员、法律责任和附则。

二、会计准则

会计准则由国务院暨财政部制定,是国家规范会计确认、计量、报告的会计标准,它包括基本会计准则和具体会计准则两大类。

(一)基本会计准则

基本会计准则规定了会计核算的一般原则(如会计假设、会计信息质量要求原则、会计要素确认与计量原则)、会计要素、各主要项目的核算原则、财务报告的基本要求,它是仅次于会计法的一种会计准绳。

(二)具体会计准则

具体会计准则是有关会计核算具体要求的准则。它为某些特定的会计事项进行账务处理提供了规范。我国目前已发布、修订的具体会计准则有:存货、长期股权投资、投资性房地产、固定资产、生物资产、无形资产、非货币性资产交换、资产减值、职工薪酬、企业年金基金、股份支付、债务重组、或有事项、收入、建造合同、政府补助、借款费用、所得税、企业合并、租赁、金融工具确认和计量、金融资产转移、套期保值、原保险合同、石油天然气开采、会计政策、会计估计变更和差错更正、资产负债表日后事项、财务报表列表、现金流量表、中期财务报告、合并财务报表、每股收益、分部报告、关联方披露、金融工具列报、首次执行企业会计准则等38个具体会计准则。

三、会计制度

会计制度由财政部制定。会计制度对会计事项如何进行账务处理作出了统一规定。它是我国各企事业单位进行会计核算的依据。

我国现行的会计制度包括《企业会计制度》、《小企业会计制度》、《金融企业会计制度》和非营利组织会计制度（《事业单位会计制度》、《行政单位会计制度》、《财政总预算会计制度》以及《民间非营利组织会计制度》）。在目前过渡时期还存在着13种行业会计制度，经过一定过渡阶段以后，行业会计制度将逐步淡出会计行业。

四、企业财务会计报告条例

提示：
以上这些法规和准则，是最重要的会计指南。会计与它们的关系，就如同我们的日常行为与《刑法》、《交通法》等法律的关系一样。

自《会计法》在2000年1月1日实施后，国务院又于同年6月21日颁发了《企业财务会计报告条例》，就企业对外提供财务报告的内容、编制、报告和法律责任做了明确规定。它对于规范报表的编制、保证会计报表质量，以及追究制作假报告者的责任，从制度上提供了保证，是会计法规体系中不可或缺的一个重要条例。

五、会计基础工作规范

会计基础工作规范由财政部于1996年6月17日颁布，它是对会计基础工作方面所作的具体规范。在这一规范中，对会计机构和人员、会计核算、会计监督、内部会计管理制度等作了具体的规定。另外，财政部还颁布了一些处理具体会计事项的规范。例如，规范企业对货币资金会计管理的《内部会计控制规范——货币资金（试行）》、规范企业的采购与付款的会计管理的《内部会计控制规范——采购与付款（试行）》、规范企业的销售与收款的会计管理的《内部会计控制规范——销售与收款（试行）》等。

第四节 会计核算的基本前提和一般原则

一、会计核算的基本前提

会计核算的基本前提又称为会计假设，它是对会计核算所处的时间、空间、环境等作出的必要假定。例如，我们设定：(1)会计核算是为西雅图软件公司进行的；(2)该公司近期不会破产，会良好地经营下去；(3)公司的业务要按月、季和年分别进行会计核算；(4)核算以美元为计量单位。显然，这些设定为会计师们开展工作提供了必要的前提条件。如果没有这些设定，会计核算将无从下手。

所以，会计核算的基本前提包括：会计主体、持续经营、会计分期、货币计量4项。

(一)会计主体

会计主体是进行会计核算的特定单位或组织，比如西雅图软件公司。会计核算要求主体之间界限分明，这样才不至于将各主体之间的业务混为一谈。

会计主体的设定，明确了会计核算的范围，也明确了会计信息核算的对象。例如，我们是为西雅图软件公司而不是米兰汽车公司进行会计核算。

(二)持续经营

持续经营是假设企业可以无限期地、持续正常地经营下去，不会面临破产清算。那么，企业的资产将按正常的生产经营被消耗、出售或交换，资产的摊销和计提折旧将按常规正常地进行。

我们知道，一项资产的处境不同，其价值就不同。例如，一项设备处于持续经营之中，只要其使用状况不变就有其应有的正常市场价值(假如其市场价值为5万元)。但如果这台设备的所有者面临破产清算，则这台设备处于限时拍卖之中，其价值就可能只有几千元。由此可见，持续经营对一个企业的会计核算作用是何等的不可小视。

(三)会计分期

会计分期又称会计期间，是指会计主体持续不断的生产经营活动在时间上被分为等间距的段落。会计分期有利于将连续不断的生产经营活动划分为相等的会计期间进行分期结算，计算盈亏，以便向会计信息使用者提供会计主体的财务状况和经营成果等信息，也便于企业就同一指标进行比较。

由于有了会计分期，才产生了本期与上期或前期的差别，在此基础上才出现了权责发生制和收付实现制两种不同的确认方法，使各种类型的会计主体有了记账的准绳，并在此基础上出现了应收、应付、预提和待摊等会计处理方法。例如，9月份支付的本年10月份开始至明年9月份的报刊杂志费，其中10、11、12月份的报刊杂志费用才是今年应该支出的费用，应计入本年成本，下一年度的1—9月份的报刊杂志费用应计入下一年度的成本。如果没有会计分期以及待摊的会计处理方法，上述的报刊杂志费用就很难进行正确的结算。

我国《企业会计准则》确定的会计期间有月度和年度。无论是月度还是年度，均按公历起讫日期确定。如年度起讫日期为公历1月1日至12月31日。但是，世界上各国的会计年度起讫日期并不都是如此，如英国、加拿大的会计年度的起讫日期是每年的4月1日至次年的3月31日；澳大利亚、瑞典的会计年度的起讫日期是每年的7月1日至次年的6月30日；美国的会计年度的起讫日期是每年的9月1日至次年的9月30日。会计期末是指月末、季末或年末。

(四)货币计量

货币计量是指在会计核算中以货币作为主要的计量单位，来记录、反映一切经营活动。衡量一个劳动成果，通常有劳动量、实物量和价值量3种方法。

例如，一支钢笔可以用劳动时间8小时来表示(劳动量)，也可以用数量1支

注意：

会计主体与法人是两个不同的概念。会计主体不一定就是法人，而法人必定是一个会计主体。如某公司是一个法人，也是一个会计主体，公司下属的广告部实行单独核算，也是一个会计主体，但广告部对外不能单独承担法律责任，故它不是一个法人。又如，集团公司及该集团公司下属的分公司都是法人，但为了反映集团公司的财务状况和经营成果时，集团公司和分公司也可以作为一个会计主体，编制合并会计报表对外公布。

注意：

企业随时都有可能面临破产清算的风险，如果一旦企业出现这种风险，那么会计核算的原则和方法则要发生改变。

(实物量)来表示,还可以用这支钢笔的价值125元来表示(价值量)。由于每个工人的劳动生产率不一样,用劳动量来表现,会无所适从;如果用实物量来反映,则不同大小、颜色、品质的钢笔相加,钢笔的成果也得不到正确反映;而用价值量(即货币计量)来反映,既能克服各人劳动生产率差异造成的计量困难,也可克服不同实物的不可相加性。这也就是说,货币计量具有不可替代的综合性。

《会计基础工作规范》规定,企业进行会计核算应以人民币作为记账本位币。另外还规定,如企业收支以外币为主的,也可以选择某种外币作为记账本位币,但编制会计报表时应将其折算为人民币。

二、会计核算的一般原则

会计核算的一般原则是在会计假设的基础上,对会计核算工作提出的原则要求,也是会计人员进行会计核算工作的规范,是进行会计账务处理和编制财务会计报告的基本准则。《企业会计准则——具体准则》规定,企业会计核算的一般原则有以下三大类:

(一)提供会计信息的一般原则

注意:

企业会计核算的一般原则有三大类共十三项。

会计工作的基本任务为会计信息使用者提供他们所需要的信息,信息的准确性、可靠性十分重要。这类原则包括:客观性原则、可比性原则、相关性原则、一贯性原则、及时性原则和明晰性原则。

1. 客观性原则。客观性原则又称真实性原则,是指企业的会计核算应当以实际发生交易或事项时取得的合法的、真实的书面凭证为依据。

例如,张平买了几间临街房准备开间餐馆。买房子花了82万元,装修花了3万元。那么,张平在记账时,餐馆的资产入账价值是以85万元还是82万元入账呢?当然是85万元。因为这个数值是购置这家餐馆所发生的全部费用,它是客观实际,且具有书面凭据。

2. 可比性。可比性原则又称统一性原则,是指企业的会计核算应当按照规定的会计处理方法进行,会计主体之间的会计信息口径一致,相互可比。

各企业可能处于不同行业、不同行政区域,经济业务发生于不同时点,为了保证会计信息能够满足经济决策的需要,便于比较各企业之间的财务状况、经营成果和现金流量,只要是同样的经济业务,就应当采用相同的会计程序和方法。

3. 相关性原则。相关性原则也称有用性原则,是指企业的会计信息能够满足各方面的需要,包括符合国家宏观经济管理的需要,满足有关各方面了解企业财务状况、经营成果和现金流量的需要,满足企业加强内部经营管理的需要。相关性原则所说的相关,是指与决策相关,并有助于决策。如果所提供的会计信息对决策没有用,就不具有相关性。

为了保障国民经济协调发展,就需要充分利用企业的会计信息资料,因此根据相关性原则,会计工作在搜集、加工、处理和提供信息的全过程中,应充分考虑会计信息使用者的需求,尽最大努力满足各方具有共性的信息需求。对于特殊信息需求,可以采取会计报告以外的方式来提供。

4. 一贯性原则。一贯性原则是指企业会计核算方法前后各期应保持一致，不得随意变更。如确有必要变更，必须报经有关部门审批，而且应当将变更的内容和理由、变更以后出现的差异在会计报表附注中加以披露。一般说来，在两种情况下，可以变更会计政策，一是改变会计政策后能更合理有效地反映企业的财务状况、经营成果和现金流量；二是国家的有关法律、法规发生变化，要求企业改变会计政策。企业如果按此改变会计政策，必须按国家颁布的会计制度对会计政策变更进行适当的账务处理。

5. 及时性原则。及时性原则是指会计信息应及时处理、及时提供，不得提前或推后。会计信息是企业在瞬息万变的市场中产生的，因此具有极强的时效性，只有满足经济决策的需要，信息才有价值，因此，为了实现会计为经济管理服务的目的，就必须遵循会计信息的及时性原则。

根据及时性原则，企业会计人员要及时搜集会计数据，在经济业务发生后，要及时取得有关凭证并及时进行账务处理、编制会计报表，将会计信息及时传递，按规定时效送达到有关部门。例如，月度报表应于月度终了后6天内（节假日顺延）对外提供，季度报表应于季度终了后15天内（节假日顺延）对外提供，半年报应于年度中期结束后60天内对外提供。年报应于年度结束后4个月内对外提供，另外，为了保证会计信息的及时性，对于编制资产负债表日之后至财务报告报出日之前发生的有关事项，应当加以确认或披露。

6. 明晰性原则。明晰性原则是指企业所进行的会计记录和提供的会计信息必须清晰、明了、便于理解和使用。明晰性原则要求会计信息清晰、明了、易懂，能够简洁明了地反映企业的财务状况、经营成果和现金流量，从而有助于会计信息的使用者准确理解、掌握企业的情况，作出正确的判断和运用。

根据明晰性原则，企业会计人员在填制和编制会计凭证、登记会计账簿时，应摘要简明、账户勾稽关系清楚。在编制会计报表时，应项目完整、数字准确。

（二）确认和计量的一般原则

确认和计量的一般原则是会计账务处理的基础，只有遵循了这些原则，各企业的会计信息才具有横向和纵向的可比性，会计信息的价值才能真正得到体现。确认和计量的一般原则有权责发生制原则、配比原则、历史成本原则和划分收益性支出与资本性支出原则。

提示：
确认和计量的一般原则包括：权责发生制原则、配比原则、历史成本原则和划分收益性支出与资本性支出原则。

1. 权责发生制原则。权责发生制是收付实现制的对称，它是指收入和费用在应收或应付时予以确认，而不是在实际收到现金或支付现金时才确认。即凡在当期取得的收入或应承担的费用，不论款项是否已经收到或已经付出，都应作为当期的收入或费用。凡是不属于当期的收入或费用，即使款项已经在当期收到或在当期已经支付，都不能作为当期的收入或费用。而收付实现制则是以收到或支付现金作为确认收入和费用的依据。会计界普遍认为，按权责发生制确认收入和费用，更能真实地反映某个会计期间经营活动的成果。

2. 配比原则。配比原则是指企业在进行核算时，收入与导致产生这些收入的成本和费用在同一会计期间确认，也就是收入与其成本、费用应当相互匹配。

配比原则具体来讲有两个方面，一是因果配比，即将收入与形成这项收入所发生的成本配比；二是时间上配比，即将某一时期的收入与该时期成本、费用配比。

3. 历史成本原则。历史成本原则又称实际成本原则，它是指将取得某项资产实际发生的成本作为该项资产的入账价值，在该项资产处置时保持其入账价值不变。历史成本原则的依据是实际发生的成本，有凭有据，比较实在而且历史成本数据比较容易取得。但也容易造成入账价值与市场价值严重背离的情况。因此世界会计准则委员会最近提出允许以现行市场价值作为入账价值。

成本原则表明购置资产与获得服务应以其真实成本，或历史成本记载。即使购买者认为可以讨价还价，也必须以交易中实际支付的价格而不是其“预期”的成本加以记录。假设你的音响商店从一家即将破产的供应商那里购买了一批音响设备，并且价格非常便宜，是以2000元的价格购买了原来价值3000元的商品。根据成本原则，该批商品的成本是2000元，而不是3000元。

成本原则还要求企业在资产存续期间一直保持其历史成本的会计记录。原因就在于历史成本是一项可靠的计量标准。假设你的商店持有该批音响设备达6个月，在这段时间里，设备价格上涨，市场价值为3500元。该批商品的会计价值（账面价值）应该是其实际的成本2000元，还是现行的市场价值3500元呢？根据成本原则，设备的会计价值依旧是其实际成本2000元。

4. 划分收益性支出与资本性支出原则。划分收益性支出与资本性支出的原则是指企业进行会计核算时，应将收益性支出与资本性支出严格区分开来，因为收益性支出是指与当期收益有关的支出，应通过与当期收益配比，在当期收益中得到补偿。而资本性支出是指与当期以及以后多个期间的收益相关的支出，应当与各期收益配比，在企业以后各期的收益中陆续得到补偿。会计核算只有坚持这一原则，才有可能正确确认当期损益以及确认资产价值，才能保证会计信息的可比性、客观性，符合配比原则。如对固定资产进行改良发生的支出，它提高了固定资产的成新率，提高了它的性能和效率，这项支出所带来的收益，不仅影响当期效益而且与以后各期效益有关，所以这项支出就不是收益性支出，因为它与企业的生产能力的长期改善有关，所以它属于资本性支出。

提示：
会计信息处理工作的一般原则包括：谨慎性原则、重要性原则和实质重于形式原则。

（三）会计信息处理工作的一般原则

除了上述衡量会计信息质量确认和计量的两大类一般原则外，还有一类会计信息处理工作的一般原则。它包括谨慎性原则、重要性原则和实质重于形式原则。

1. 谨慎性原则。谨慎性原则又称审慎原则或稳健原则，它是指在存在不确定因素的情况下做出判断时，保持必要的谨慎，不高估资产或收益，也不低估负债或费用。对于可能发生的损失和费用，应当加以合理估计。

市场经济下的企业经营存在着各种风险，遵循谨慎原则，对可能面对的风险加以合理估计，就能在风险实际发生之前防范风险，并化解风险，将损失减少到最低程度，有利于保护所有者和债权人的利益，有利于提高企业的竞争能力。比如，企业会计制度规定对短期投资计提跌价准备，就体现了谨慎原则，它使企业的这部分资产更接近市场价值。当然，谨慎性原则并不意味着可以随心所欲地提取各种准备，它必须在制度规定范围内进行，否则，就属于谨慎性原则的滥用。

2. 实质重于形式原则。实质重于形式原则是指企业应当按照交易或事项的经济实质进行会计核算，而不应当仅仅按照它们的法律形式作为其核算的依据。

在实际工作中，很可能会出现一些法律形式与经济实质不相符合的经济业务或事项。如，法律可能写明，商品的所有权已经转移给买方，但事实是卖方仍享有该资产的未来经济利益。为了真实地反映企业的财务状况和经营成果就不能仅仅根据经营业务的外表来进行核算，而要反映其经济实质，上例如果不考虑实质，仅看其法律形式，就不能真实地反映该笔业务对这个企业的影响。

3. 重要性原则。重要性原则是指在会计核算时，要针对不同的经营业务性质和规模，依据某个经营业务对经营决策的影响的大小来选择不同的会计方法和程序。如一些经营业务性质比较特殊，不加以单独列示就可能遗漏一个重要事实，不利于经营者和所有者全面掌握企业的情况，从而影响决策，对这些经营业务就必须分别核算、单独反映、力求准确、提请注意。如果某项经营业务与企业经常发生的经济业务没有特殊不同之处，不单独反映，也不影响所有者的决策，就不需要单独反映。同时，一笔经济业务的金额小，且在整个企业的经营业务所占比重也极小，则可以采用简单的方法和程序进行核算。反之，就应严格按照规定的会计方法和程序进行核算。

把握经济业务是否具有重要性，完全依赖于企业会计人员的职业判断。一般来说，应当从质和量两个方面考虑，从性质来说，当某一项经济业务有可能对决策产生影响，则这项经济业务就符合重要性原则；从数量方面说，当某一经济业务事项的数量达到一定规模时，就可能对决策产生影响，在进行会计核算时，这项经济业务就符合重要性原则。

另外还需注意的是，重要性原则与会计信息成本效益直接相关，贯彻重要性原则，就能够使得提供会计信息的收益大于成本。反之，就有可能导致会计信息成本高于收益，与经营管理的初衷背道而驰。

第五节　会计核算的基本方法

企业在日常经济活动中对各种会计事项的记录、整理、进行账务处理，最终对外提供完整的会计信息全过程中使用的基本方法，可概括为设置账户、复式记账、填制和审核凭证、登记账簿、成本计算、财产清查、编制会计报表、会计资料分析等八种方法。这些基本方法中的每一个方法是任何一个会计主体进行会计核算时都要使用的，而且是必不可少的。各种会计方法既独立又联系，密切配合，组成一个完整的方法体系。

一、设置账户

企业在日常的生产经营活动中发生的各种会计事项既繁杂又零乱，需要通过一定的方法对会计对象进行归类，一方面使相同性质的经济业务得以归集，便于集中核算，另一方面又能达到认准对象，分清主次，进行归类核算。设置账户就是对会计对象的具体内容分类进行核算的一种专门的会计方法。会计人员进行会计工作时，账户是根据企业应遵循的会计制度规定的会计科目开设的，用以连续、系统、完整地记录各项经济业务，反映资产、负债、所有者权益、收入、费用和利润的增减变动情况和结果。

二、复式记账

会计产生以来记账方法有单式记账和复式记账两种。所谓**复式记账就是对每一项经济业务都以相等的金额在两个或两个以上相互联系的账户加以记录的记账方法，也是会计核算的一种基本方法**。因为复式记账可以反映经济活动引起的至少两方面的资金增减变化，并可以通过账户的对应关系了解有关经济业务引起资金增减变化的来龙去脉。例如，以现金购买少量材料，一方面引起材料的增加，一方面引起现金的减少。另外通过检查账户的平衡关系，可以了解有关业务的记录是否正确。

例如，以现金购买40盒打印纸，可使材料账户增加2000元，同时现金账户减少2000元。若单独记录材料增加或现金减少，则都不能完整反映这笔业务的全貌。

三、填制和审核会计凭证

会计凭证是指记录经济业务发生和完成情况，明确经济责任的书面证明，是登记账簿的依据。填制和审核会计凭证，是会计工作的起点，对企业经济管理工作起着举足轻重的作用，也是会计核算的一种专门方法。通过填制和审核会计凭证可以经常地、有效地实施会计监督，为企业经济管理提供真实有用的会计信息资料。

四、登记账簿

账簿是用来全面、连续、系统、综合地记录和反映企业、事业单位经济业务的簿籍。是保存会计数据、编制会计报表的重要工具和依据。登记账簿就是将分散繁杂的会计凭证记录的经济业务序时、分类地记入有关并具有一定格式且由若干账页组成的簿籍——账簿，通过定期结账、对账为编制会计报表提供完整而又系统的资料，使今后审计查账、核对经济业务，执行问责制度成为可能。由此可见，登记账簿是会计核算的一种专门方法。

五、成本计算

成本计算是对某种产品（劳务）以一定的成本项目归集发生在各个经营过程中所发生的费用，从而计算出某种产品（劳务）的总成本和单位成本的一种专门的会计核算方法。通过成本核算，可以了解成本构成的合理性和准确性，它为改善生产经营、提高企业管理水平提供了考核指标，也为提高企业的经济效益提供了考评标准。从而促使企业加强核算，降低成本，节约费用，提高经济效益。

六、财产清查

财产清查就是采用一定的盘查方法对企业、事业单位拥有的实物资产进行盘点，对应收、应付款项进行账面核对，用以查明企业全部财产物资实有数额的一种会计专门方法。通过财产清查，可以查明资产、负债、所有者权益情况，了解资产的使用状况、负债的清偿和结存的情况，有利于加强物资管理，监督检查财产安全和完整，并为正确评价企业价值、核算损益提供正确的资料。

七、编制会计报表

编制会计报表是企业在某个会计期末以书面报告的形式，定期总括地反映企业、事业单位经济活动情况和结果的专门的会计方法。企业、事业单位通过上述6种会计专门方法对日常经济业务进行了全面系统的记录和反映，但是这些记录是分散在各个账簿之中的，为了使会计信息的使用者能简捷地、有效地阅读和使用会计信息资料，以利于企业领导改善生产经营管理，以及为有关投资人投资决策提供资料，企业、事业单位必须定期编制会计报表。

八、会计资料分析

随着社会经济的发展，会计信息资料的作用越来越重要，对会计资料的分析，能为改善企业经营管理提供有说服力的数据资料，并且通过同一长度的会计期间的数据资料的纵向、横向对比，可为增产节约、挖掘潜力提供佐证。同时也能为投资决策者提供决策依据。

提示：

会计核算的八种专门方法是一个相互联系、环环紧扣的会计方法体系。

自我检测

本章学习已全部完成，请检验以下学习目标你是否达到了：

- 明确会计的概念，描述会计的产生和发展过程；
- 举例说明会计的特点；
- 认识会计的对象和职能的重要性；
- 明确会计法规体系的具体构成，并能够详细说明其各构成部分之间的相互关系；
- 能够区分会计法、会计准则和会计制度的异同点；
- 描述会计基础工作规范的含义，明确会计基础工作规范的要点；
- 举例说明会计核算基本前提的作用；
- 掌握会计核算的一般原则；
- 了解会计核算的基本方法。

第二章　会计科目和账户

第一节　会计要素与会计等式

一、会计要素的概念

提示：

《企业会计准则——基本准则》第十条规定，企业应当按照交易或者事项的经济特征确定会计要素。会计要素包括资产、负债、所有者权益、收入、费用和利润。

会计核算的过程是一个确认、计量和报告经济业务的过程，而经济业务是错综复杂的，为了全面、系统、综合地记录反映经济活动状况，以取得各种经济指标，应该按照会计准则的要求，对经济业务的具体内容进行科学的分类，会计要素就是对会计对象按其特征归类的项目，是对会计对象的基本分类，是构成会计内容的主要因素，会计要素也是设置账户和编制会计报表的基本依据。

会计的要素分为：资产、负债、所有者权益，收入、费用和利润。其中资产、负债、所有者权益反映企业财务状况，称为静态会计要素；收入、费用和利润反映企业在一定时期的经营成果，称为动态会计要素。

（一）资产

资产是指由过去的交易、事项形成并由企业拥有或者控制的资源，该资源预期会给企业带来经济效益。资产是企业从事生产经营活动的物质基础，并以各种具体形态分布在生产经营过程的不同方面。资产包括各种财产、债权和其他权利。

注意：

会计上用于区分长期与短期的年限均为1年或超过1年的一个营业周期。

资产按其流动性可分为流动资产和非流动资产（或长期资产）。**流动资产是指将在1年或者超过1年的一个营业周期内变现或耗用的资产，**包括库存现金、银行存款、交易性金融资产、应收及预付账款、存货和一年内到期的非流动资产等；**非流动性资产是指不符合流动性资产条件的资产，即不准备在1年内变现或使用时间超过1年的资产，**包括长期投资、固定资产、无形资产、其他资产等。长期投资是指除短期投资以外的投资，包括持有时间准备超过1年（不含1年）的各种股权性质的投资、不能变现或不准备随时变现的债券投资和其他投资；**固定资产是指企业使用年限超过1年以上，单位价值在规定的标准以上，并且在使用过程中始终保持原来实物形态的资产，**包括房屋、建筑物、机器设备、运输工具、工具、器具等；**无形资产是指企业生产商品或者提供劳务、出租给他人、或为管理目的而持有的、没有实物形态的非货币性长期资产，**包括专利权、非专利技术、商标权、著作权、土地使用权、商誉等；其他资产是指除流动资产、长期投资、固定资产、无形资产以外的其他资产，如长期待摊费用等。**长期待摊费用是指企业已经支出，但摊销期限在1年以上（不含1年）的各项费用，**包括固定资产大修理支出、租入固定资产的改良支出等。

资产的内容及其分类如图2–1所示。

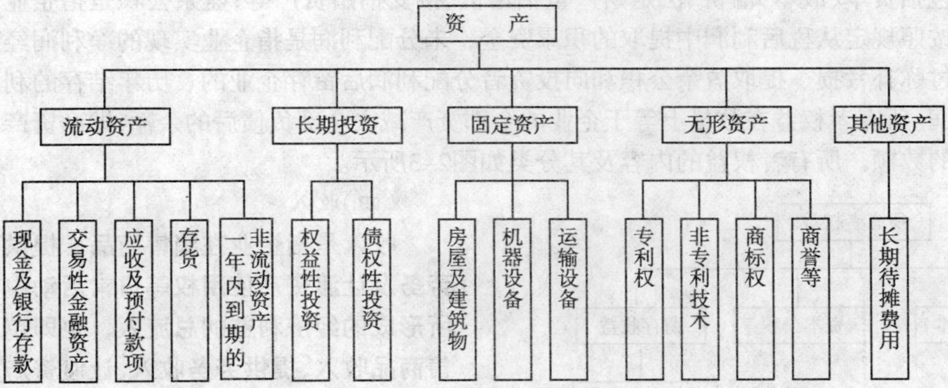

图2–1　资产的分类

（二）负债

负债是指由过去的交易、事项形成的现实义务，履行该义务预期会导致经济利益流出企业。负债是筹资的重要渠道。负债按其偿付期的长短可以分为流动负债和长期负债。流动负债是指将在1年或者超过1年的一个营业周期内偿还的债务，包括短期借款、应付票据、应付账款、预付账款、应付职工薪酬、应交税费、应付股利、其他应交款、一年内到期的非流动负债等；长期负债是指偿还期在1年或超过1年的一个营业周期以上的债务，包括长期借款、应付债券、长期应付款等。

负债的内容及其分类如图2–2所示。

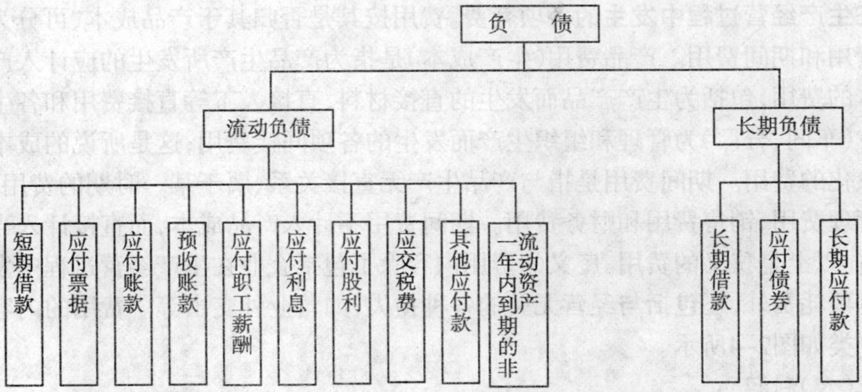

图 2–2　负债的分类

（三）所有者权益

所有者权益是指投资者在企业资产中享有的经济利益，其金额为资产减去负债后的余额。所有者权益表明公司、企业的产权关系，即公司、企业归谁所有，其主要包括投入资本、资本公积、盈余公积和未分配利润。实收资本是指投资者按照企业章程或合同、协议的约定，实际投入企业的资本。投入资本是指投资者实际投入企业经营活动的各种财产物资；资本公积是投资者或者他人投入到企业、所有权归属投资者、并且金额上超过法定资本部分的资本或资产。资本公积包括资本(股本)溢价、法定财产重估增值、接受捐赠资产等;盈余公积是指企业按照规定从税后利润中提取的积累资金; 未分配利润是指企业实现的净利润经过弥补亏损、提取盈余公积和向投资者分配利润后留存企业的、历年结存的利润。所有者权益在数量上等于企业的全部资产减去全部负债后的余额,即净资产的数额。所有者权益的内容及其分类如图2–3所示。

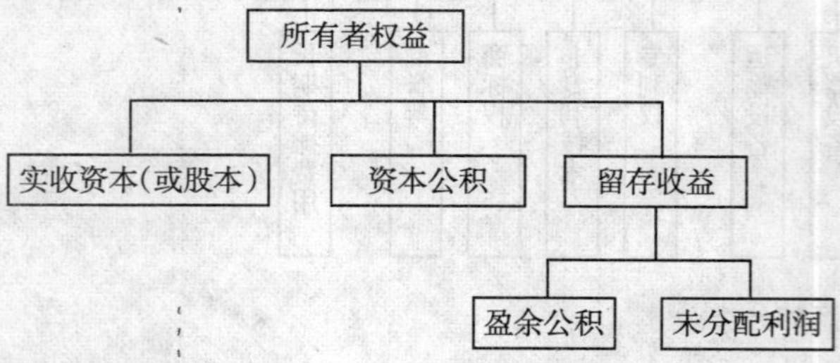

图 2–3 所有者权益的分类

(四)收入

收入是指企业在销售商品、提供劳务及让渡资产使用权等日常活动中所形成的经济利益的总流入,也即销售商品收入、提供劳务收入、让渡资产使用权收入。按与企业主营业务的关系分,可分为主营业务收入和其他业务收入。主营业务收入主要是指由企业主营业务所带来的收入,按照不同行业,可分为产品销售收入、营运收入、工程价款收入或服务收入;其他业务收入是指由主营业务以外的业务所带来的收入,如工业企业销售材料的收入、出租包装物和固定资产的收入等。按收入的范围分,分为狭义的收入和广义的收入,前文所述的收入都是狭义的收入,广义的收入不但包括主营业务收入、其他业务收入,还包括投资收益、营业外收入等。

(五)费用

费用是指为销售商品、提供劳务等日常生活所发生的经济利益的流出,即企业在生产经营过程中发生的各项耗费。费用按其是否归其于产品成本,可分为产品费用和期间费用。产品费用(生产成本)是指为产品生产所发生的应计入产品成本的费用,包括为生产产品而发生的直接材料、直接人工等直接费用和各生产单位(车间、分厂)为管理和组织生产而发生的各项间接费用;这是所说的成本即对象化的费用。期间费用是指与产品生产无直接关系、属于某一时期的费用,包括管理费用、销售费用和财务费用。期间费用不计入产品成本,而直接计入当期损益。以上是狭义的费用。广义的费用内容除了包括企业在生产经营过程中发生的各项耗费外,还包括与经营无关的各种损失,如营业外支出等。费用的内容及其分类如图2–4所示。

(六)利润

利润是指企业在一定会计期间的经营成果,包括:营业利润、利润总额和净利润。营业利润是指营业收入减去营业成本、期间费用和有关流转税及附加税后的余额。企业利润总额就是营业利润、投资净收益、营业外收支净额的总和。其中,投资净收益是指企业对外投资收益减去投资损失后的余额;营业外收支净额是指与生产经营无直接关系的各种营业外收入减去营业外支出后的净额。而企业净利润就是企业利润总额减去应计入当期损益的所得税费用后的余额。

二、会计要素之间的联系

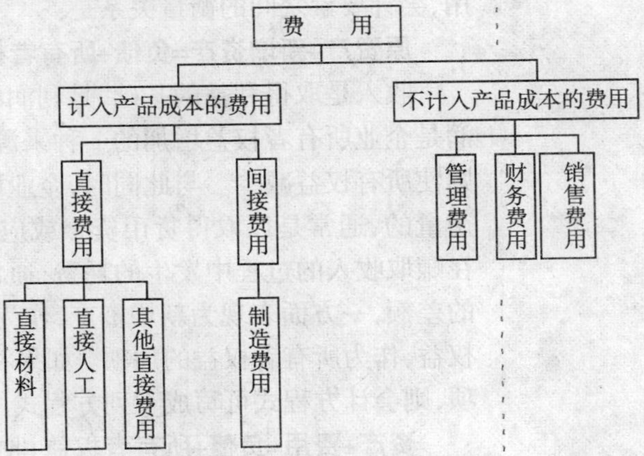

图 2-4 费用的分类

企业是从事生产和经营活动的相对独立的经济组织，是国民经济的基本单位。为了从事各种以营利为目的的活动，企业必须拥有各种资产。这些资产在经济活动中分布在各个方面，表现为不同的占用（实物资产和非实物资产）形态，如房屋、建筑物、机器设备、原材料、库存商品、货币资金、应收账款、专利权、商标权等。这些资产都是从一定的来源取得的，有些是由企业的所有者提供的；有些是由债权人提供的。所有者和债权人把资产投入企业，供其在生产经营中使用，因而对企业的资产享有一定的权利，包括在一定时间收回投资及获取投资报酬的权利等。这种权利在会计上统称为权益，其中债权人的这种权益在会计上称为负债，所有者的这种权益在会计上称为所有者权益。

以上资产和权益反映了同一经济资源的两个方面，即一方面是归会计个体所拥有的或能够支配的各项资产，另一方面是资产提供者对资产可以提出一系列要求的权益。权益表明了资产的来源，全部资产必须与全部权益在金额上相等，即有一定金额的资产，必定有一定数额的负债和所有者权益；反之，有一定数额的负债和所有者权益，也必定有一定数额的资产与之对应。资产与权益的相互依存关系决定了资产总额必然等于权益总额。这种关系可表述为如下等式：

资产=权益=负债+所有者权益

这一等式就叫做会计恒等式或会计基本等式，简称会计等式。它反映了会计基本要素中，资产、负债、所有者权益三个要素之间的联系和基本数量关系。它是设置账户、复式记账、试算平衡和编制资产负债表的理论依据，在会计核算中有着非常重要的地位。

企业的目标是使所有者的财富最大化，即从生产经营活动中获取收入，实现盈利。企业在取得收入的同时必然要发生相应的费用，企业通过收入与费用的比较，才能确定一定会计期间实现的利润。收入、费用、利润三者之间的数量关系是：

收入-费用=利润

这一会计等式表现经营成果与相应期间的收入和费用关系。

以上介绍的两个会计等式，前者概括了经营资金运动的静态表现，后者概括了经营资金的动态表现。下面再结合经营资金的静态表现和动态表现，分别从某一会计期间的不同时日来考察各会计要素之间的联系，说明会计方程式的运用：

(1)在某个会计期间开始如(20××年1月1日)，会计要素之间的恒等关系是：

资产=负债+所有者权益

(2)在会计期间内的任一时日(如20××年1月20日)，企业发生了收入和费

提示：
会计恒等式反映了会计三要素之间的联系和基本数量关系。

用,会计要素之间的衡量关系是:

原资产+新增资产=负债+所有者权益+(收入-费用)

收入是取得利益的基础,是利润的增加因素;费用是利润的减少因素,而利润是企业所有者权益增加的一种来源,因此,收入将使所有者权益增加,而费用则使所有权益减少。与此同时,企业取得的收入是用商品交换中所得的资产来衡量的,通常是以取得货币资金或应收账款等资产的形式表现的;费用是企业在赚取收入的过程中发生的耗费,通常是以耗费的资产来衡量的。收入与费用的差额,一方面表现为新增资产,作为资产的加项;另一方面表现为新增所有者权益,作为所有者权益的加项。如果将原资产与新资产综合起来,将费用进行移项,则会计方程式可写成下列方程式:

资产+费用=负债+所有者权益+收入

应当指出,这时方程式中的资产包括原资产和新增资产,负债、所有者权益仍是起初的数额。这一综合关系式是"资产=负债+所有者权益"与"收入-费用=利润"这两个会计方程式的结合,它综合反映了各个会计要素之间的相互关系。

(3)在会计期间终了时(如20××年1月31日),利润按规定结算并分配后,会计方程式又恢复为一般形式,即:

资产=负债+所有者权益

这时式中的各项都是期末结算后的实有数。

提示:

其实,企业的资产负债表就是最大的会计恒等式。

上述会计方程式揭示了各会计要素之间的联系,它是设置账户、复式记账、试算平衡和编制资产负债表的理论依据。

三、经济业务的发生不会破坏会计等式的恒等关系

企业在其生产经营活动中,要经常发生各种各样的经济业务,如购进材料、归还借款、筹集资本金、借款偿还应付款等。各项经济业务的发生,必然会引起资产和负债及所有者权益发生增减变动。但是,无论发生什么经济业务,资产和负债及所有者权益怎样变动,都不会破坏资产总额等于负债及所有者权益总额的平衡关系。经济业务对会计恒等式的影响可以从资产负债表中具体体现出来,所以会计恒等式又称资产负债表等式。

凤凰公司20××年1月1日的资产负债表如表2-1所示。

表2-1 资 产 负 债 表(简表)

20××年1月1日

金额单位:元

资　产		权益(负债+所有者权益)	
项　目	金　额	项　目	金　额
银行存款	350000	短期借款	500000
应收账款	200000	应付账款	200000
存　货	650000	实收资本	1300000
固定资产	800000		
总　计	2000000	总　计	2000000

从表2-1可以看出，该公司所拥有的流动资产（银行存款、应收账款、存货）为120万元，固定资产80万元，则资产总额200万元；权益一方，负债（短期借款、应付账款）为70万元，筹集的资本金130万元，则权益总额200万元，双方是相等的。

例 2-1 假定凤凰公司20××年1月份发生了以下经济业务：

1月5日公司接受国家投入的大型设备一台，价值20万元。

说明：这项经济业务发生后，使资产方的固定资产项目增加了20万元，由原来的80万元增加到100万元；使权益方的实收资本项目增加了20万元，由原来的130万元增加到150万元。由于资产和权益双方有关项目都以相等的金额增加，因此双方总额仍然相等。这项业务所引起的变化如表2-2所示。

表2-2 **资产负债表**（简表）

20××年1月5日　　金额单位：元

资产		权益（负债+所有者权益）	
项目	金额	项目	金额
银行存款	350000	短期借款	500000
应收账款	200000	应付账款	200000
存货	650000	实收资本	1500000
固定资产	1000000		
总计	2200000	总计	2200000

由此可见，当一项经济业务发生后，涉及资产和权益双方有关项目之间以相等的金额同时增加，双方总额相等，仍然保持平衡关系。

例 2-2 1月10日，公司以银行存款10万元偿还短期借款。

说明：该项业务发生后使资产方的银行存款项目减少了10万元，由原来的35万元减少到25万元；同时使权益方的短期借款减少了10万元，由原来的50万元减少到40万元。由于资产和权益双方有关项目都以相等的金额减少，因此双方总额仍然相等。这项业务所引起的变化如表2-3所示。

表2-3 **资产负债表**（简表）

20××年1月10日　　金额单位：元

资产		权益（负债+所有者权益）	
项目	金额	项目	金额
银行存款	250000	短期借款	400000
应收账款	200000	应付账款	200000
存货	650000	实收资本	1500000
固定资产	1000000		
总计	2100000	总计	2100000

由此可见，当一项经济业务发生后，涉及资产和权益双方有关项目之间以相等的金额同时减少，双方总额相等，仍然保持平衡关系。

例 2-3 1月14日，公司以银行存款购入原材料10万元。

说明：该项业务发生后，资产方的存货项目增加了10万元，由原来的65万元增加到75万元；同时又使资产方的银行存款项目减少了10万元，由原来的25万元减少到15万元。因为这项经济业务所引起的增减变化是发生在同一类项目之间，金额又是相等的，虽然有关项目的金额发生了变化，但不会影响总额的变动。这项业务所引起的变化如表2-4所示。

表2-4 **资产负债表**(简表)

20××年1月14日　　金额单位：元

资产		权益(负债+所有者权益)	
项　目	金　额	项　目	金　额
银行存款	150000	短期借款	400000
应收账款	200000	应付账款	200000
存　货	750000	实收资本	1500000
固定资产	1000000		
总　计	2100000	总　计	2100000

由此可见，当一项经济业务只涉及资产方有关项目之间的金额增减变化，其总额不会发生变动。同时，由于不涉及权益方的项目，因而其总额也不会发生变动，所以双方仍保持平衡关系。

例 2-4 1月20日，公司开出商业承兑汇票一张，金额为5万元，以抵付前欠应付账款。

说明：这项业务发生后，使权益方的应付票据项目增加了5万元；同时又使权益方的应付账款项目减少了5万元，由原来的20万元减少到15万元。因为这项业务所引起的增减变化也是发生在同一类项目之内，金额又是相等的，虽然使有关项目的金额发生了变化，也不会影响总额的变动。这项业务所引起的变化如表2-5所示。

表2-5 **资产负债表**(简表)

20××年1月20日　　金额单位：元

资产		权益(负债+所有者权益)	
项　目	金　额	项　目	金　额
银行存款	150000	短期借款	400000
应收账款	200000	应付账款	150000
存　货	750000	应付票据	50000
固定资产	1000000	实收资本	1500000
总　计	2100000	总　计	2100000

由此可见，当一项经济业务只涉及权益方有关项目之间的金额增减变化，其总额不会发生变动。同时，由于它不涉及资产方的项目，因而其总额也不会发生变动，所以双方仍然保持平衡关系。

以上四项经济业务具有典型性，任何企业发生的任何经济业务引起的资产与权益的变化关系无非是这样的四种类型，即：

1. 资产与权益同时增加；
2. 资产与权益同时减少；
3. 资产之间有增有减；
4. 权益之间有增有减。

以上四种类型的经济业务对会计基本等式的影响如图2-5所示。

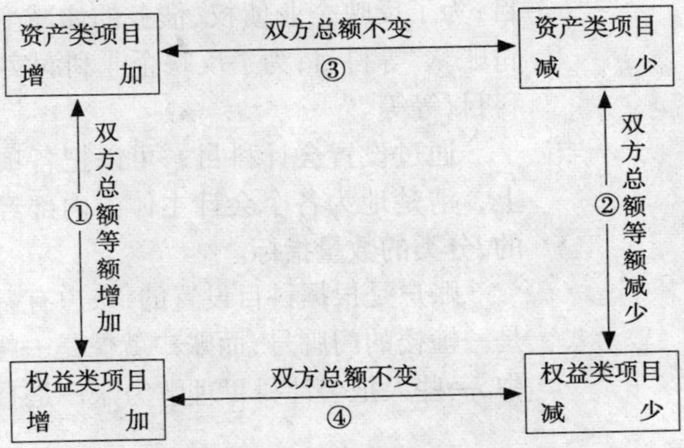

图 2-5

以上举例的四项经济业务，代表着不同的业务类型，从中可以看出，不论哪一种经济业务的发生，均未破坏资产总额与负债及所有者权益总额的平衡关系。

将上述四种业务类型具体化，可表现为九种情况：

1. 资产项目一增一减，增减金额相等，保持平衡；
2. 负债项目一增一减，增减金额相等，保持平衡；
3. 所有者权益项目一增一减，增减金额相等，保持平衡；
4. 负债项目增加，所有者权益减少，增减金额相等，保持平衡；
5. 所有者权益增加，负债项目减少，增减金额相等，保持平衡；
6. 资产增加，负债增加，增加金额相等，保持平衡；
7. 资产增加，所有者权益增加，增加金额相等，保持平衡；
8. 资产减少，所有者权益减少，减少金额相等，保持平衡；
9. 资产减少，负债减少，减少金额相等，保持平衡。

第二节　会计科目和会计账户的设置

会计的首要任务是正确地记录经济业务和反映经济活动情况，为经济管理工作提供系统的核算资料和经济信息。核算资料和经济信息主要来源于各个账户，为此，企业必须设置账户。为了设置账户，首先要确定会计科目，因为账户是根据会计科目开设的。

提示：
注意会计科目和账户的区别与联系。

一、会计科目的含义

企业在生产经营过程中要发生各种各样的经济业务，经济业务的发生又必然引起各项会计要素的增减变动。为了分门别类地核算和监督各项经济业务以及由此而引起的各项会计要素的增减变动情况，为经济管理提供有用的核算资料，就必须通过设置会计科目，对会计对象的具体内容进行科学的分类，并按照会计科目，对会计对象的具体内容进行分类核算和监督。

会计科目是对会计对象的具体内容进行分类核算的项目。例如，工业企业的厂房、机器设备、运输工具等都属于劳动资料，是固定资产的实物形态，为了反映其增减变动情况，根据管理的要求，就要将其归为一类，设置"固定资产"科目；为了反映企业债权、债务的增减变动情况，就要分别设置"应收账款"和"应付账款"等科目；为了反映企业利润实现或亏损形成情况，就要设置"本年利润"科目，等等。

通过设置会计科目，可以把各项会计要素的增减变化分门别类地记在账上，清楚地为各个会计主体的内部经营管理和外部有关方面提供一系列具体的、分类的数量指标。

账户是根据科目设置的，账户有一定的结构，而科目则设有结构。科目就像是一幢楼的门牌号，而账户就像是一幢楼内有一些什么房间，因此，在实际工作中，一些人把会计科目理解为账户是有失偏颇的。

二、会计科目设置的原则

注意：
合理增减科目能使会计报表更贴切地反映企业的实际情况。

会计科目必须根据会计准则，并按照会计制度的规定设置和使用。企业在不影响会计核算的要求和财务会计报告指标的汇总，以及对外提供统一的财务会计报告的前提下，可以根据实际情况自行增设、减少或合并某些会计科目。会计科目的设置是否合理，对于系统地提供会计信息，提高会计工作的效率及合理地组织会计核算工作都有很大影响。因此，在设置会计科目时，必须充分考虑有关各方面对会计信息的需求，符合会计工作的客观规律，具体应遵循以下原则：

1. 合法性原则，指所设置的会计科目应当符合国家统一的会计制度的规定。

2. 相关性原则，指所设置的会计科目应为提供有关各方所需要的会计信息服务，满足对外报告与对内管理的需要。

3. 实用性原则，指所设置的会计科目应符合单位自身特点，满足单位实际需要。

另外，为了便于会计核算资料的综合汇总和不同时期的对比分析，会计科目的名称、核算内容应保持相对稳定。

三、会计科目的分类

企业会计准则按照建立资本金制度的原则和"资产=负债+所有者权益"的会计基本等式的要求，根据企业的需要和资金运动的特点，制定了统一的会计科目。现以企业会计实务为例，简要地加以说明。

（一）按经济内容分类

会计科目按其所反映的经济内容，可分为五大类，即资产类科目、负债类科目、所有者权益类科目、成本类科目和损益类科目。

（二）按其所提供信息的详细程度分类

会计科目按其所提供信息的详细程度，可分为总账科目和明细科目。

总账科目，也称"总分类科目"或"一级科目"，是对资产、负债、所有者权益、收入、费用和利润进行总括分类的类别名称。

明细科目，也称"明细分类科目"或细目，是对总账科目所属经济内容作详细分类的类别名称。为了适应核算工作的需要，在总账科目下设的明细科目较多的情况下可在总账科目和明细科目之间增设二级科目（也称子目）。子目和细目通称为明细科目。

会计科目按所提供的信息的详细程度分类如表2–6所示。

表2–6　会计科目按所提供信息详细程度分类

总分类科目（一级科目）	明细分类科目	
	二级科目（子目）	明细科目（细目）
原材料	原料及主要材料	甲材料
		乙材料
	辅助材料	润滑油
		油漆
	燃料	焦炭
		汽油

《企业会计准则》规定，总账科目由财政部统一制定，明细科目除会计制度规定设置以外，企业可以根据实际需要自行设置，但并不是所有的总账科目都有明细科目，有的总账科目如"现金"、"累计折旧"等，就不需要设置明细科目。

现将企业设置的部分会计科目列示如表2–7所示。

表2–7　会计科目表（简化格式）

编　号	名　称	编　号	名　称
	一、资产类	1123	预付账款
1001	库存现金	1131	应收股利
1002	银行存款	1132	应收利息
1012	其他货币资金	1133	其他应收款
1101	交易性金融资产	1231	坏账准备
1121	应收票据	1321	代理业务资产
1122	应收账款	1401	材料采购

续表

编　号	名　称	编　号	名　称
1402	在途物资		二、负债类
1403	原材料	2001	短期借款
1404	材料成本差异	2101	交易性金融负债
1405	库存商品	2201	应付票据
1406	发出商品	2202	应付账款
1407	商品进销差价	2203	预收账款
1408	委托加工物资	2211	应付职工薪酬
1411	周转材料	2221	应交税费
1471	存货跌价准备	2231	应付利息
1501	持有至到期投资	2232	应付股利
1502	持有至到期投资减值准备	2241	其他应付款
1503	可供出售金融资产	2314	代理业务负债
1511	长期股权投资	2401	递延收益
1512	长期股权投资减值准备	2501	长期借款
1521	投资性房地产	2502	应付债券
1531	长期应收款	2701	长期应付款
1532	未实现融资收益	2702	未确认融资费用
1601	固定资产	2711	专项应付款
1602	累计折旧	2801	预计负债
1603	固定资产减值准备	2901	递延所得税负债
1604	在建工程		三、共同类
1605	工程物资	3101	衍生工具
1606	固定资产清理	3201	套期工具
1701	无形资产	3202	被套期项目
1702	累计摊销		四、所有者权益类
1703	无形资产减值准备	4001	实收资本
1711	商誉	4002	资本公积
1801	长期待摊费用	4101	盈余公积
1811	递延所得税资产	4103	本年利润
1901	待处理财产损溢	4104	利润分配

续表

编　号	名　称	编　号	名　称
4201	库存股	6301	营业外收入
	五、成本类	6401	主营业务成本
5001	生产成本	6402	其他业务成本
5101	制造费用	6403	主营业务税金及附加
5201	劳务成本	6601	销售费用
5301	研发支出	6602	管理费用
	六、损益类	6603	财务费用
6001	主营业务收入	6701	资产减值损失
6051	其他业务收入	6711	营业外支出
6101	公允价值变动损益	6801	所得税费用
6111	投资收益	6901	以前年度损益调整

四、账户的含义

设置会计科目只是对会计对象的具体内容进行分类，规定每一类的名称，但是，如果只有分类的项目，而没有具有一定格式的记账实体，还不能把发生的经济业务连续、系统、完整地记录下来。因此，还必须根据设置的会计科目开设相应的账户，在账户上记录会计对象具体内容的增减变动情况。

账户是指根据会计科目开设的、用来分类记录经济业务内容的、具有一定结构和格式的记账实体。账户是按规定的会计科目开设的，根据总分类科目开设的账户，称为总分类账户，简称总账；根据明细分类科目开设的账户，称为明细分类账户，简称明细账。会计科目与账户是两个不同的概念，它们之间既有联系又有区别。它们的联系在于：它们都是分门别类地反映某项经济内容，即两者所反映的经济内容是相同的。它们之间的区别在于：会计科目只表明某项经济内容，而账户不仅表明相同的经济内容，而且还具有一定的结构、格式，并通过账户的结构反映某项经济内容增减变动情况。即会计科目仅仅是就会计要素具体内容进行分类的标志，而账户还具有一定的结构、格式。

五、账户的基本结构

账户的结构就是指账户的组成部分，以及如何在账户中记录会计要素的增加、减少及其余额情况等。

提示：
账户的基本结构分为左右两方，一方登记增加额，一方登记减少额。

为了记录经济业务的具体内容，账户要有一定的结构。经济业务的发生所引起的各项会计要素的变化，从数量上看，不外乎增加或减少两种情况。因此，用来分类记录经济业务的账户，在结构上也相应地分为两个基本部分，用来分

想一想：
资产增加记入"丁"型账户左右两方的哪一方，负债的减少又记入哪一方？

别记录会计要素的增加或减少数额。于是，账户的基本结构就分为左右两方，一方登记增加额，另一方登记减少额。至于账户左右两方的名称，以及用哪一方登记增加额，用哪一方登记减少额，则取决于所采用的记账方法和各账户的性质。在借贷记账法下，用"借方"、"贷方"这两个记账符号来表示各个会计要素的增加、减少情况的。由于反映资产类的账户和反映负债、所有者权益类账户是两种不同性质的账户，因此用来反映增加和减少的部分，采用了相反的方向。在资产类账户中，用"借方"反映增加数；用"贷方"反映减少数；在负债和所有者权益类账户中，则采用相反的方向，即用"贷方"反映增加数；用"借方"反映减少数。应当注意的是这里的"借方"和"贷方"并不是一个"增加"和"减少"的概念，而纯属一个记账符号，代表记账的方向。账户的左边称"借方"、右边称"贷方"，余额在最后。

在一定时期内，账户的"借方"、"贷方"所登记的增加额和减少额，称为"本期发生额"。借方登记的发生额称为"借方发生额"，贷方登记的发生额称为"贷方发生额"。账户的借方数大于贷方数，它的余额数称为借方余额；如果贷方数大于借方数，它的余额数称为贷方余额。资产类账户的余额一般是借方余额；负债和所有者权益类账户的余额一般是贷方余额。

在借贷记账法下，账户的发生额和余额都要用"借"、"贷"来表示，即账户的基本结构是用"借方"、"贷方"和"余额"这三个部分来表示的，因此。从理论上来说明账户的基本结构时，往往把账户简化为"T"字形账，在我国常称为"丁"形账户，如表2-8所示。

表2-8

借方（左方）	**账户名称**（会计科目）	**贷方**（右方）

通过账户记录的金额可提供期初余额、本期增加额、本期减少额和期末余额4个核算指标。

期初余额是指一定时期（月、季、年）的期初账户余额，上期期末余额转入本期，即为本期的期初余额。

本期增加额是一定时期内，账户登记的增加金额合计，又称本期增加发生额。

本期减少额是一定时期内，账户登记的减少金额合计，又称本期减少发生额。

期末余额是指一定时期内的期末结出的账户余额。在没有期初余额的情况下是指本期增加额和本期减少额相抵后的差额。在有期初余额的情况下，期末余额应是期初余额加上本期增加发生额之和，与本期减少发生额相抵后的差额。上述四项金额的关系可用下列公式表示：

本期期末余额=期初余额+本期增加发生额-本期减少发生额

在借贷记账法下，上述四项金额的关系可用下列公式表示：

期末借方余额=期初借方余额+本期借方发生额-本期贷方发生额

期末贷方余额=期初贷方余额+本期贷方发生额-本期借方发生额

每个账户的本期增加发生额和本期减少发生额都应分别记入该账户左右两方的金额栏内，账户左右两方按相反方向来记录增加额和减少额。如果左方记录增加额，右方则记录减少额；相反，若右方记录增加额，则在左方记录减少额。至于在每一个具体账户的左右两方中，究竟哪一方记录增加额，哪一方记录减少额，取决于所采用的记账方法和记录的经济内容，前面已经讲过，这里不再重复。账户的余额一般与记录的增加额在同一方向。

在实际工作中，根据账户的上述基本结构，再规定账户的具体格式。实际工作中账户的基本结构和格式是：账户划分为左、右两方，以一方登记增加额，另一方登记减少额；每一方再根据实际需要分为若干栏目，用来登记有关资料。账户的具体格式往往有多种多样，但其基本结构，一般应包括下列内容：(1)账户的名称(即会计科目)；(2)日期和摘要(记录经济业务的日期和概括说明经济业务的内容)；(3)增加或减少的金额及余额；(4)凭证号数(说明账户记录的依据)。

在借贷记账法下，账户的一般格式如表2–9所示。

上列账户格式反映的是账户的基本结构，也是手工记账所采用的格式。在采用电子计算机记账的情况下，尽管不按上列格式设立手写账簿，但仍然要按上列格式的内容，输入和输出有关核算资料。

表2–9 账户名称(会计科目) 第 页

日 期	凭证号数	摘 要	借 方	贷 方	借或贷	余 额

六、会计科目和会计账户的关系

会计科目，只是对会计对象的具体内容(会计要素)进行分类的项目名称。只有分类的项目，没有一定的结构形式，还不能把发生的经济业务连续系统地记录下来。因此，设置会计科目以后，还必须根据规定的会计科目开设一系列反映不同经济内容的账户，用来对各项经济业务进行序时、连续、系统地分类记录。账户就是按照会计科目开设的，具有一定格式和结构，用于分类反映会计要素增减变动及其结果的一种工具。设置账户是会计核算的主要方法。

会计科目和账户在会计学中是两个不同的概念，两者之间既有联系又有区别。它们的联系在于会计科目是设置账户的依据，是账户的名称，账户是会计科目的具体运用。没有会计科目，账户便失去了设置的依据；没有账户，就无法发挥会计科目的作用。会计科目所要反映的经济内容，就是账户所要登记的内容。两者的区别在于会计科目仅仅是账户的名称，不存在结构问题，而账户则具有一定的格式和结构。

注意：

大多数会计科目和账户名称是一致的，但像货币资金这样包括了现金、银行存款、其他货币资金等的，就需要确切了解账户与会计科目的对应关系。

自我检测

本章的学习已全部完成，请检验以下学习目标你是否达到了：

- 正确说明什么是会计要素，什么是会计方程式；
- 描述会计等式中各个会计要素之间的关系，以及经济业务发生后对会计等式中各个会计要素的影响；
- 掌握账户的基本结构；
- 明确账户设置的必要性；
- 熟练掌握资产的增加和减少、负债的增加和减少、所有者权益的增加和减少，分别记入“丁”型账户的哪一方；
- 能够根据需要设置账户；
- 能够说明经济业务的发生所引起的资产、负债、所有者权益的增减变动有哪几种类型，并举例说明。

第三章　复式记账法

第一节　复式记账法的概念和种类

一、复式记账法的概念

账户设置完成后，就可以应用账户对会计主体所发生的交易或事项通过一定的记账方法进行账务处理。记账方法，就是根据一定的原理、记账符号、记账规则，采用一定的计量单位，利用文字和数字记录经济业务活动的一种专门方法。记账方法，按记录方式的不同，可分为单式记账法和复式记账法两大类。

单式记账法是最早出现的一种记账方法，它是指对发生的会计事项只用一笔数字在某一账户上进行单方面的、不完整的登记。如用现金500元购买商品，就只在现金收付账上记："购买商品500元"。单式记账法对会计对象反映不完整，大都是以钱财、欠人、人欠为记账对象，采用单方面的记录方式，对发生的收入项目，只进行钱财、人欠的单方面的记录，对发生的支出项目，也只进行钱财、欠人的单方面的记录，账户之间的记录不要求互相联系，不能全面反映经济业务的变化情况，仅有个别账户的平衡公式，而无全部账户体系的平衡公式，所以记账过程的正确性缺乏自我验证的作用，没有相互对应关系的核对功能，发生错误难以辨认和查找。因而不能适应经济活动比较复杂的单位的要求，只能在简单经济条件下应用。在现代会计中，单式记账一般只用于备查账簿的登记。

复式记账法是指对每一项经济业务，都以相等的金额，同时在相互联系的两个或两个以上的账户中进行登记的一种记账方法。因为，任何一项经济业务的发生，都会引起资产或权益至少两个项目发生变化，涉及两个或更多的账户。对发生的每一项经济业务，都在其涉及的相关账户中进行登记，既能反映每一项经济业务的来龙去脉，又能将某一会计期间发生的全部经济业务作为一个有机整体在整个账户体系中进行反映，全面、系统地了解资本运动的过程及其结果。同时，每项经济业务发生时，以相等的金额进行记录，对账户记录的内容及结果可以利用账户之间的相互关系进行试算平衡，以检查账簿记录的正确性。例如，以银行存款5000元购进生产用材料，在复式记账法下，在"银行存款"账户登记减少5000元，同时在"材料"账户登记增加5000元，说明银行存款减少的原因是用于购买了材料；销售商品20000元货款未收，应当在"主营业务收入"账户

注意：

复式记账是会计恒等式的一种应用。

登记增加20000元，同时在“应收账款”账户登记减少20000元，说明应收账款的增加是因为销售商品的货款尚未收回，形成企业的债权。与单式记账法相比，复式记账法更科学、严密，现代企业普遍采用复式记账法。

二、复式记账法的种类

复式记账法按采用的记账符号、记账规则和试算平衡的不同，可分为借贷记账法、收付记账法和增减记账法。

收付记账法是祖传的复式记账法，以“收”、“付”为记账符号来反映会计主体的资金增减变动及其结果。按记账主体的不同，收付记账法又可分为资金收付记账法、钱物收付记账法和现金收付记账法。资金收付记账法以“资金来源-资金运用=资金结存”为理论依据，以“同收”、“同付”、“有收有付”作为记账规则，曾在行政事业单位广泛运用；钱物收付记账法和现金收付记账法则主要用于农村生产队的会计核算。

增减记账法是国产的复式记账法，以“增”、“减”作为记账符号，以资金运用总额等于资金来源总额为理论依据，以“异类科目，同增或同减；同类科目，有增又有减”为记账规则，以两类科目增减发生额的差额进行试算平衡。由于增减记账法自身存在的缺陷，因而在1993年《企业会计准则》颁布执行后，增减记账法退出历史舞台。

借贷记账法是以会计恒等式为理论基础，以借和贷为记账符号，以“有借必有贷，借贷必相等”为记账规则来记录经济业务的一种复式记账法。借贷记账法是历史上第一个复式记账法。1494年11月10日，在威尼斯出版了意大利数学家卢比·帕乔利（Luca Pacioli）的名著《算术、几何与比例概要》（Summa de Arithmetica，Geometria，Proportioniet Proportionalita），第一次如实介绍了威尼斯的复式记账法，并给予理论上的说明，从此，借贷记账法就被当做复式记账法的同义语流行于全世界。我国于20世纪初从西方引进借贷记账法，因其记录方式、记账规则、试算平衡等方面的优势，得到广泛运用，财政部颁布的《企业会计准则——基本准则》第十一条规定：“企业应当采用借贷记账法记账。”

相关链接：
以前颁布的各种会计制度如《企业会计制度》、《小企业会计制度》、《金融企业会计制度》也明确规定会计记账采用借贷记账法。

第二节　借贷复式记账法的特点

复式记账法的基本内容包括记账符号、账户设置、记账规则和试算平衡等四项，不同的记账符号、账户设置、记账规则和试算平衡构成不同的记账方法，借贷复式记账法的主要特点有：

一、以“借”、“贷”作为记账符号

“借”和“贷”最初的含义与债权、债务有关，随着记账对象的扩展逐步转化为抽象的记账符号。在借贷记账法下，一切账户都分成借方和贷方两个部分，借方都在账户的左方，贷方都在账户的右方。账户中的借方既不是增加方，也不是

减少方；同样，账户中的贷方既不是减少方，也不是增加方。借方是记增还是记减，贷方是记减还是记增，则取决于账户的性质。

借贷记账法下不同类型账户的结构和“借”、“贷”的含义可归结为：资产、成本费用类账户，借记增，贷记减；权益、收入收益类账户，贷记增，借记减。一般余额在借方的，为资产类账户；一般余额在贷方的，为负债或所有者权益类账户，如表3-1所示。

表3-1　　账户基本结构汇总表

借　方	贷　方	余　额
资产增加	资产减少	借方
负债减少	负债增加	贷方
所有者权益减少	所有者权益增加	贷方
成本增加	成本结转	借方
收入收益结转	收入收益增加	无
费用增加	费用结转	无

借贷记账法的科学性也就在于利用“借”和“贷”这一对立的记账符号，恰当、全面地表示了会计对象运动的方向和过程，而且还使不同性质账户的增减变动内容得到了充分反映。正确地理解借、贷的含义，对于充分掌握和准确运用借贷记账法具有重要的意义。

二、账户不要求固定分类，可以设置双重性质的账户

在借贷记账法下，除了按照账户反映的经济内容设置资产类账户、负债类账户、所有者权益类账户、成本类账户、损益类账户外，还可以设置反映债权、债务结算情况的往来账户。这类账户属于双重性质的账户。例如，将“应收账款”账户与“应付账款”账户合并设置“货款往来”账户；将“其他应收款”账户与“其他应付款”账户合并设置“其他往来”账户。或者，对于企业的客户只设置“应收账款”账户，反映应收销货款的发生及收回情况，若发生向客户付款的业务，也在“应收账款”账户核算；反之，对于企业的供应商则只设置“应付账款”账户，反映应付购货款的形成及偿还情况，若发生向供应商收款的业务，也在“应付账款”账户核算。在编制资产负债表时，可根据往来账户的所属明细账户的余额方向确定其性质，2007年实施的会计准则体系新增的双重性质的账户，“清算资金往来”、“衍生工具”、“套期工具”、“被套期项目” 等账户的属性均需要根据账户期末余额的方向进行判断，如果余额在借方即应归入资产项目，若余额在贷方应归入负债项目。因此，在借贷记账法下设置双重性的往来账户，可减少账户设置数量，简化记账手续。

三、以“有借必有贷，借贷必相等”为记账规则

“资产=负债+所有者权益”这一会计恒等式表明，会计主体的任何一笔交易或事项的发生都不会破坏会计恒等式的平衡关系。会计主体发生的交易或事项虽然千差万别、错综复杂，但归纳起来不外乎四种类型：(1)交易或事项导致会

提示：

在借贷记账法下，每一笔交易或事项的发生，都会同时导致至少两个账户发生变化。

计等式双方同时等额增加；(2) 交易或事项导致会计等式双方同时等额减少；(3)交易或事项导致会计等式左方等额增减；(4)交易或事项导致会计等式右方等额增减。现以4种类型的经济业务为例，说明借贷记账法的记账规则。

第一种类型：会计等式双方同时等额增加，即资产与负债或所有者权益会计要素中有关项目同时增加。这种类型的业务通常是由资金进入会计主体所引起的，如收到投资者投入的资本、向银行取得借款以及购买材料尚未支付货款、销售产品取得收入等，均属于此种类型。例如企业收到投资者投入的设备一批，价值90万元。这笔经济业务的发生，涉及资产和所有者权益两个会计要素中的有关项目同时发生变化，一方面使所有者权益方面的投入资本增加了90万元，应记入“实收资本”账户的贷方；另一方面使资产方面的固定资产也增加90万元，应记入“固定资产”账户的借方，使会计等式双方同时增加90万元。

第二种类型：会计等式双方同时等额减少，即资产与负债或所有者权益类会计要素中有关项目同时减少。这种类型的业务通常是经济资源退出会计主体引起的。如企业按照规定减资、向股东或所有者分配股利或利润、向国家缴纳税金、偿还银行借款和应付账款等，均属于此种类型。例如企业以银行存款6万元偿还前欠乙公司购料款。这笔经济业务发生，涉及到资产和负债两个会计要素中的有关项目同时发生变化，一方面使资产方面的银行存款减少了6万元，应记入“银行存款”账户的贷方；另一方面使负债方面的应付账款减少了6万元，应记入“应付账款”账户的借方，使会计等式左右两边同时减少6万元。

第三种类型：会计等式左方等额增减，即资产内部有关项目有增有减。这种类型的业务通常是由资产在使用过程中不断转换形态所引起的。如企业从银行提取现金、用银行存款购买设备和各种原材料、生产过程中领用原材料、产成品完工入库等，均属于此种类型。例如企业出纳员将现金5000元存入银行。这笔经济业务的发生，涉及资产中的两个项目同时发生变化，一方面使现金减少5000元，应记入“现金”账户的贷方；另一方面使银行存款增加了5000元，应记入“银行存款”账户的借方，会计等式左右两边的总额保持不变。

第四种类型：会计等式右方等额增减，即负债或所有者权益会计要素中有关项目有增有减且增减数额相等。这种类型的业务存在四种可能：负债内部项目之间一增一减，增减金额相等，即所谓的“借新债，还旧债”；所有者权益内部项目之间一增一减，增减金额相等，如以资本公积或盈余公积转增股本；负债减少，所有者权益增加，如可转换债券到期后转换成公司的股票；所有者权益减少，负债增加，如公司宣告发放现金股利，一方面记入所有者权益中“利润分配”账户的借方，同时记入负债中“应付利润”账户的贷方。这种类型的业务不会导致会计等式两边的总额发生变动。

从会计主体发生的四种交易或事项的类型可以看出，在借贷记账法下，每一笔交易或事项的发生，都会同时导致会计等式一边或两边至少两个账户发生变化。交易或事项发生后，一方面记入一个或几个有关账户的借方，另一方面记入一个或几个有关账户的贷方；本期发生的全部交易或事项在进行账务处理后，记入所有账户借方的发生额合计，应当等于记入所有账户贷方的发生额合计。这样，我们可以从中归纳概括出借贷记账法的记账规则："有借必有贷，借贷必相等"。

四、优越的试算平衡：借贷自动平衡

试算平衡是指为保证会计账务处理的正确性，依据会计等式或复式记账原理，对本期各账户的全部记录进行汇总和测算，以检查账户记录的正确性和完整性的一种方法。

想一想：
经试算平衡后并不能一定保证记账是正确的。你知道这是为什么吗？

会计主体的每一笔交易或事项发生后，都要求会计人员遵循"有借必有贷，借贷必相等"的记账规则进行账务处理，以相等的金额记入有关账户的借方或贷方，在任何一个会计期间内，当会计主体发生的全部交易或事项都记入有关账户后，我们就会发现：所有账户的借方发生额合计数与贷方发生额合计数相等；所有账户的期末借方余额合计数与期末贷方余额合计数相等；本期期末即下期期初，因而，所有账户的期初借方余额合计数与期初贷方余额合计数也必然相等。这就是借贷记账法下的试算平衡：借贷双方自动平衡。总分类账户试算平衡可用公式表达如下：

全部账户期初借方余额合计数=全部账户期初贷方余额合计数

全部账户期末借方余额合计数=全部账户期末贷方余额合计数

全部账户本期借方发生额合计数=全部账户本期贷方发生额合计数

对总分类账户本期发生额和期末余额的试算平衡，可通过编制试算平衡表来进行。常用的试算平衡表有三种：第一种是"总分类账户本期发生额试算平衡表"，根据各个账户的本期发生额进行编制；第二种是"总分类账户期末余额试算平衡表"，根据各个账户的期末余额进行编制；第三种是"总分类账户本期发生额及期末余额试算平衡表"（见表3-2），是前两种的综合。表内账户名称一般按资产负债表的排列顺序填写，在结出全部账户的本期发生额和期末余额后，将每一账户的期初余额、本期借方发生额、本期贷方发生额、期末余额过入试算平衡表的对应行次，分别累加得出合计数，即完成了试算平衡表的编制。如果三个栏目的借贷合计数都分别相等，则表明账务处理基本正确；如果试算不平衡，则表示账务处理肯定有错误，需要检查更正。

表3-2　　总分类账户本期发生额及期末余额试算平衡表

账户名称	期初余额		本期发生额		期末余额	
	借方	贷方	借方	贷方	借方	贷方
合　计						

应当注意的是，试算平衡并不表示账务处理和记录绝对正确，因为有些错误并不影响借贷双方的平衡，如某项经济业务在有关账户中被重记、漏记，对应

账户同时多记或少记，用错了账户或错记了账户，记账方向颠倒等等，诸如此类的错误，并不能通过试算平衡来发现。

第三节　借贷复式记账法的应用实例

一、账户对应关系和会计分录

在借贷记账法下，要求对每一笔交易或事项都在两个或两个以上账户中进行登记，这样在有关账户之间就形成了应借、应贷的关系。账户之间应借、应贷的关系，称为账户的对应关系。存在对应关系的账户，称为对应账户。

为了保证账户记录的正确性，对每一笔交易或事项，在记入有关账户之前，先根据交易或事项发生时取得或填制的原始凭证编制会计分录。会计分录，是指按照借贷记账法记账规则的要求，对交易或事项列示应借、应贷账户及其金额的一种记录。会计分录有简单会计分录和复合会计分录之分。凡是只涉及到两个账户的一借一贷的会计分录，称为简单会计分录；凡是涉及到两个以上账户的一借多贷、一贷多借、多借多贷的会计分录，称为复合会计分录。复合会计分录均可分解成若干组简单会计分录。

运用借贷记账法编制会计分录，一般按以下步骤进行：第一，根据交易或事项的内容，进行会计确认，判定交易或事项涉及到哪些账户发生变化，其变化是增加还是减少，即“定账户”；第二，确定所涉及到的账户是属于什么性质的账户，即“定属性”；第三，按照账户的结构，确定应该记入到有关账户的借方或贷方，即“定方向”；第四，根据借贷记账法的记账规则，确定应记入每个账户的金额，即“定金额”。

借贷记账法下的会计分录列示规则为：“上借下贷，左右错开”。即先列示借方账户，再列示贷方账户，贷方记账符号、账户、金额都要比借方退后一格。

二、借贷记账法应用实例

为了更全面地掌握借贷记账法下会计处理的方法，下面我们通过甲企业的一些交易或事项进行说明。

例 3-1　甲公司20××年年初有关账户余额如表3-3所示。

表3-3

单位：元

资　产		负债及所有者权益	
账户名称	借方余额	账户名称	贷方余额
库存现金	1000	短期借款	350000
银行存款	400000	应付票据	40000
应收账款	276000	应付账款	337000
原材料	90000	长期借款	100000
固定资产	2260000	实收资本	2200000
合　计	3027000	合　计	3027000

20××年1月发生下列经济业务：

①乙公司以材料一批作价20万元入股。这项业务涉及"原材料"和"实收资本"两个账户，各增加20万元。"原材料"账户属于资产类，增加记借方；"实收资本"属于所有者权益类，增加记贷方。应作如下会计分录：

借：原材料　　200000

　贷：实收资本　　200000

根据这组会计分录，在两个账户中登记后的情况如表3-4、表3-5所示。

表3-4

（资产类账户）

原　材　料

借方		贷方	
期初余额	90000		
①	200000		

表3-5

（所有者权益类账户）

实收资本

借方		贷方	
		期初余额	2200000
		①	200000

②从银行提取现金3000元备用。这项业务使甲公司"银行存款"减少3000元，"库存现金"增加3000元。"银行存款"和"库存现金"都属于资产类账户。资产类账户增加记借方，减少记贷方。应作如下会计分录：

借：库存现金　　3000

　贷：银行存款　　3000

根据这组会计分录，在两个账户中登记后的情况如表3-6、表3-7所示。

表3-6

（资产类账户）

库存现金

借方		贷方	
期初余额	1000		
②	3000		

表3-7

（资产类账户）

银行存款

借方		贷方	
期初余额	400000	②	3000

③向银行借入3年期借款10万元，存入银行。这项业务涉及“长期借款”和“银行存款”两个账户，各增加10万元。“银行存款”账户属于资产类，增加记借方；“长期借款”属于负债类，增加记贷方。应作如下会计分录：

借：银行存款　　100000

　　贷：长期借款　　100000

根据这组会计分录，在两个账户中登记后的情况如表3-8、表3-9所示。

表3-8

（资产类账户）

借方		银行存款	贷方
期初余额	400000		
③	100000	②	3000

表3-9

（负债类账户）

借方		长期借款	贷方
		期初余额	100000
		③	100000

④开出商业汇票一张，票面金额6万元，偿还前欠丙公司货款。这项业务涉及“应付账款”和“应付票据”两个账户，这两个账户都属于负债类，负债类账户增加记贷方，减少记借方。应作如下会计分录：

借：应付账款　　60000

　　贷：应付票据　　60000

根据这组会计分录，在两个账户中登记后的情况如表3-10、表3-11所示。

表3-10

（负债类账户）

借方		应付账款	贷方
		期初余额	337000
④	60000		

表3-11

（负债类账户）

借方		应付票据	贷方
		期初余额	40000
		④	60000

⑤购进机器设备一台，计价15万元，货款以银行存款支付。机器设备属于固定资产，这项业务使甲公司的固定资产增加15万元，银行存款减少15万元。“固定资产”和“银行存款”都属于资产类账户。资产类账户增加记借方，减少记贷方。应作如下会计分录：

借：固定资产　　150000

　　贷：银行存款　　150000

根据这组会计分录，在两个账户中登记后的情况如表3-12、表3-13所示。

表3-12

（资产类账户）
固定资产

借方			贷方
期初余额	2260000		
⑤	150000		

表3-13

（资产类账户）
银行存款

借方			贷方
期初余额	400000		
③	100000	②	3000
		⑤	150000

⑥以银行存款10万元偿还到期银行短期借款。这项业务涉及“短期借款”和“银行存款”两个账户，各减少10万元。“短期借款”属于负债类，减少记借方；“银行存款”账户属于资产类，减少记贷方。应作如下会计分录：

借：短期借款　　100000

　　贷：银行存款　　100000

根据这组会计分录，在两个账户中登记后的情况如表3-14、表3-15所示。

表3-14

（负债类账户）
短期借款

借方			贷方
		期初余额	350000
⑥	100000		

表3-15

（资产类账户）
银行存款

借方			贷方
期初余额	300000		
③	100000	②	3000
		⑤	150000
		⑥	100000

⑦经丁公司同意，前欠丁公司货款12万元，转为对甲公司的投资。这项债权转股权业务涉及“应付账款”和“实收资本”两个账户，“应付账款”账户属于负债类，减少记借方；“实收资本”账户属于所有者权益类，增加记贷方。应作如下会计分录：

借：应付账款　　120000

　贷：实收资本　　120000

根据这组会计分录，在两个账户中登记后的情况如表3-16、表3-17所示。

表3-16

（负债类账户）

借方	应付账款		贷方
		期初余额	337000
④	60000		
⑦	120000		

表3-17

（所有者权益类账户）

借方	实收资本		贷方
		期初余额	2200000
		①	200000
		⑦	120000

⑧购进材料8.2万元验收入库，以银行存款支付8万元，余款以现金付讫。这项业务使甲公司“原材料”增加8.2万元，“银行存款”减少8万元，“库存现金”减少2000元。这3个账户都属于资产类账户。资产类账户增加记借方，减少记贷方。应作如下会计分录：

借：原材料　　82000

　贷：银行存款　　80000

　　　库存现金　　2000

根据这组复合会计分录，在3个账户中登记后的情况如表3-18至表3-20所示。

表3-18

（资产类账户）

借方		原　材　料	贷方
期初余额	90000		
①	200000		
⑧	82000		

表3-19

（资产类账户）

银行存款

借方			贷方
期初余额	400000		
③	100000	②	3000
		⑤	150000
		⑥	100000
		⑧	80000

表3-20

（资产类账户）

库存现金

借方			贷方
期初余额	1000		
②	3000	⑧	2000

⑨收回客户前欠货款7.6万元，其中7.5万元存入银行，1000元现金收讫。这项业务使甲公司“银行存款”增加7.5万元，“库存现金”增加1000元，“应收账款”减少7.6万元。这3个账户都属于资产类账户。资产类账户增加记借方，减少记贷方。应作如下会计分录：

借：银行存款 75000

　　库存现金 1000

　　贷：应收账款 76000

根据这组复合会计分录，在3个账户中登记后的情况如表3-21至表3-23所示。

表3-21

（资产类账户）

银行存款

借方			贷方
期初余额	400000		
②	100000	②	3000
⑨	75000	⑤	150000
		⑥	100000
		⑧	80000

表3-22

（资产类账户）

库存现金

借方			贷方
期初余额	1000		
②	3000	⑧	2000
⑨	1000		

表3-23

（资产类账户）

借方	应收账款		贷方
期初余额	276000	⑨	76000

根据以上9项业务，进行汇总后各有关账户的发生额及余额情况如表3-24至表3-33所示。

表3-24

（资产类账户）

借方	库存现金		贷方
期初余额	1000		
②	3000	⑧	2000
⑨	1000		
本期借方发生额	4000	本期贷方发生额	2000
期末余额	3000		

表3-25

（资产类账户）

借方	银行存款		贷方
期初余额	400000		
③	100000	②	3000
⑨	75000	⑤	150000
		⑥	100000
		⑧	80000
本期借方发生额	175000	本期贷方发生额	333000
期末余额	242000		

表3-26

（资产类账户）

借方	应收账款		贷方
期初余额	276000		
		⑨	76000
本期借方发生额	0	本期贷方发生额	76000
期末余额	200000		

表3–27

（资产类账户）

原 材 料

借方			贷方
期初余额	90000		
④	200000		
⑧	82000		
本期借方发生额	282000	本期贷方发生额	0
期末余额	372000		

表3–28

（资产类账户）

固定资产

借方			贷方
期初余额	2260000		
⑤	150000		
本期借方发生额	150000	本期贷方发生额	0
期末余额	2410000		

表3–29

（负债类账户）

短期借款

借方			贷方
		期初余额	350000
⑥	100000		
本期借方发生额	100000	本期贷方发生额	0
		期末余额	250000

表3–30

（负债类账户）

应付票据

借方			贷方
		期初余额	40000
		④	60000
本期借方发生额	0	本期贷方发生额	60000
		期末余额	100000

表3–31

（负债类账户）

应付账款

借方			贷方
		期初余额	337000
⑤	60000		
⑦	120000		
本期借方发生额	180000	本期贷方发生额	0
		期末余额	157000

表3-32

（负债类账户）

借方		长期借款	贷方
		期初余额	100000
		③	100000
本期借方发生额	0	本期贷方发生额	100000
		期末余额	200000

表3-33

（所有者权益类账户）

借方		实收资本	贷方
		期初余额	2200000
		①	200000
		⑦	120000
本期借方发生额	0	本期贷方发生额	320000
		期末余额	2520000

根据各账户本期发生额及期末余额，编制“总分类账户本期发生额及期末余额试算平衡表”，见表3-34。

表3-34 总分类账户本期发生额及期末余额试算平衡表

单位：元

账户名称	期初余额		本期发生额		期末余额	
	借　方	贷　方	借　方	贷　方	借　方	贷　方
库存现金	1000		4000	2000	3000	
银行存款	400000		175000	333000	242000	
应收账款	276000		0	76000	200000	
原材料	90000		282000	0	372000	
固定资产	2260000		150000	0	2410000	
短期借款		350000	100000	0		250000
应付票据		40000	0	60000		100000
应付账款		337000	180000	0		157000
长期借款		100000	0	100000		200000
实收资本		2200000	0	320000		2520000
合　计	3027000	3027000	891000	891000	3227000	3227000

自我检测

本章的学习已全部完成，请检验以下学习目标你是否达到了：

- 描述复式记账法的要点；
- 理解借贷记账法“借”和“贷”两字的含义；
- 描述借贷记账法下账户结构的特点；
- 理解并掌握复式记账法的原理；
- 明确借贷记账法的特点；
- 能够说明借贷记账法试算平衡的内容；
- 能够说明对应关系和对应账户的内容；
- 正确说明什么是会计分录，会计分录有哪几种？

第四章　企业经营过程的核算

第一节　企业主要经营业务的概述

一、制造企业的含义和中心任务

所谓企业，是指按照市场经济要求，自主经营、自负盈亏、自我发展、自我约束，专门从事生产、流通、运输、建筑、房地产等经济活动的部门和单位。企业包括工业企业（亦称制造企业）、商品流通企业、金融企业、建筑企业、房地产企业、服务企业、公共企业、农业企业和其他企业等多种类型。在这些企业中，由于制造企业是最原始、最典型、最完善的产品生产和经营单位，所以本章仅以制造企业的主要经济业务为例，来说明账户设置的方法和复式记账的运用。制造企业的中心任务就是根据市场经济需要组织产品生产，满足社会生产与消费的需要，并通过开展生产经营活动获取利润，为国家提供财政收入以及满足企业自身发展的需要。

二、费用和成本的内涵

制造企业在生产经营过程中，经常要发生各种人力、物力和财力的耗费，这些耗费的货币表现统称为费用。对象化的费用，称做成本。将供应过程中支付的材料买价、采购费用按各种材料进行归集，构成材料采购成本；将生产过程中发生的各种生产费用按各种产品归集，构成产品的生产成本。因此，成本计算就是将生产经营过程中发生的各种耗费，按不同对象进行归集和分配，借以确定各该对象的总成本和单位成本的过程。资金进入企业和资金退出企业的业务，前已述及，在此从略。本章主要介绍制造企业供应过程、生产过程、销售过程和财务成果的业务核算。

第二节　供应过程的核算

供应过程是制造企业生产经营的第一阶段，其主要经济业务就是采购材料，为生产过程做准备。在供应过程中，企业以货币资金支付购入材料的买价和采购费用，必然与供应单位和运输部门等发生结算关系；同时，对已运达企业的材料应验收入库，由仓库部门妥善保管，形成材料储备，保证生产过程顺利进行；此外，为了以后正确地计算产品成本，还必须确定入库材料的价值，为此需归集采购过程的各种耗费，计算材料采购成本。

一、供应过程核算需设置的主要账户

注意：
供应过程核算主要设置原材料、材料采购、在途物资、应交税费和应付账款账户。

为了及时核算和监督材料采购过程采购支出的发生情况和库存原材料的收入、发出、结存情况，正确地计算材料采购成本，应设置以下账户：

1. "原材料"账户。本账户属资产类，用于核算企业库存的各种材料的收入、发出和结存情况。材料验收入库时，记借方；发出各种材料时，记贷方；余额在借方，表示库存材料的实际成本。明细账户可按材料种类和名称设置。

2. "在途物资"账户，本账户属资产类账户，用于核算企业采用实际成本进行材料、商品等物资的日常核算，其业务是货款已支付但尚未运抵、验收入库的材料或商品的成本。购入材料及商品，已取得发票凭证或款已付，材料及商品未到时，记借方，购入材料或商品运抵企业并验收入库时，记贷方，余额表示企业已购入但尚未运抵的材料或商品的实际成本。如采用计划成本进行日常核算的，则使用"材料采购"科目。

3. "应交税费"账户。本账户属负债类，用于核算企业应缴纳的各种税费。企业计算出应缴纳的各种税费时，记贷方；实际缴纳各种税费时，记借方；余额在贷方，表示尚未缴纳的各种税费。明细账户可按应缴纳的税种设置。

增值税是就货物或劳务的增值部分征收的一种税金。增值税是一种价外税，它要通过产品实现的销售转嫁给购买者，最终由消费者负担。所以对企业来说，为生产产品购进材料时，付给供货方的增值税额为进项税额。当生产的产品实现销售时，要向购买方收取的增值税为销项税额。用当期的销项税额减去当期进项税额即为企业应缴纳的增值税额。应交增值税的核算通过在"应交税费"账户下设置"应交增值税"明细账户进行，其基本结构以"T"型账户表示，如表4-1所示。

表 4-1

应交税费——应交增值税

借方	贷方
进项税额 已交税金	销项税额
	余额：应交增值税

为进一步反映增值税的抵扣和缴纳情况，可在"应交税费——应交增值税"明细账户下进一步设"进项税额"、"销项税额"、"已交税金"等专门项目予以反映。

4. "应付账款"账户。本账户属负债类账户，用于核算企业因购买材料、商品和接受劳务供应而应付给供应单位的款项。发生应付未付款时，记贷方；实际归还应付款时，记借方；余额在贷方，表示尚欠供应单位的款项。明细账户可按供货单位名称设置。

此外,在采用商业汇票方式结算货款的情况下,应设置“应付票据”账户;在预付货款方式购进材料较多的情况下,也可设“预付账款”账户;在直接付款的方式下,应设置“银行存款”账户。

二、供应过程主要经济业务的核算

下面以宏业工厂12月份发生的采购业务为例,说明供应过程主要经济业务的核算。

例 4-1 向外地兴业厂购入A材料3000千克,单价5元,计1.5万元;B材料5000千克,单价4元,计2万元;增值税为5950元,材料已验收入库,货款以银行存款支付。

这笔经济业务的发生,一方面表明因购入A、B两种材料发生了材料买价和进项税额,应分别记入“材料”和“应交税金”账户的借方;另一方面表明材料价款已用银行存款支付,应记入“银行存款”账户的贷方。根据有关原始凭证,编制如下会计分录:

借:原材料——A材料　　15000
　　　　——B材料　　20000
　应交税费——应交增值税(进项税额)　　5950
　贷:银行存款　　40950

例 4-2 向外地振华工厂购入C材料6000千克,单价8元,计48000元,增值税额为8160元,材料已验收入库,货款尚未支付。

这笔经济业务的发生,一方面表明因购入C材料发生了材料买价和进项税额,应分别记入“材料”和“应交税金”账户的借方;另一方面表明价款尚未支付,应记入“应付账款”账户的贷方。根据有关原始凭证,编制如下会计分录:

借:原材料——C材料　　48000
　应交税费——应交增值税(进项税额)　　8160
　贷:应付账款——振华工厂　　56160

例 4-3 以银行存款支付A、B、C三种材料铁路运输费和装卸搬运费共计2800元,经分摊A、B、C三种材料应分别分担600元、1000元、1200元(采购费用按材料的重量比例分摊)。

$$\text{采购费用分配率}=\frac{2800}{3000+5000+6000}=0.2$$

A材料应分配的采购费用=3000×0.2=600(元)

B材料应分配的采购费用=5000×0.2=1000(元)

C材料应分配的采购费用=6000×0.2=1200(元)

这笔经济业务的发生,一方面表明A、B、C三种材料采购费用的增加,应记入“材料”账户的借方;另一方面表明采购费用是以银行存款支付的,应记入“银行存款”账户的贷方。根据有关原始凭证,编制如下会计分录:

借:原材料——A材料　　600

——B材料　　1000

——C材料　　1200

贷:银行存款　　2800

例 4-4　以银行存款归还前欠振华工厂购C材料价款56160元。

这笔经济业务的发生,一方面表明应付振华工厂价款减少,应记入“应付账款”账户的借方;另一方面银行存款减少,应记入“银行存款”账户的贷方。根据有关原始凭证,编制如下会计分录:

借:应付账款——振华工厂　　56160

贷:银行存款　　56160

如果购入材料,材料尚未入库或未确定材料采购成本,在采用实际成本核算的情况下,则应借记“在途物资”账户,贷记“银行存款”账户或“应付账款”等账户。

第三节　生产过程的核算

生产过程是制造企业生产经营过程的第二个阶段。在生产过程中,工人借助于劳动资料,对劳动对象进行加工,制成劳动产品。因此,生产过程既是产品的制造过程,又是物化劳动和活劳动的消耗过程。

企业在生产过程中发生的各种耗费称为生产费用,主要包括为生产产品所消耗的材料费、生产工人工资及职工福利费、厂房和机器设备等固定资产的折旧费以及为组织和管理生产等而发生的其他各种费用。这些生产费用,有的与产品生产直接相关,要按一定种类的产品进行归集和分配,以计算产品生产成本;有的与产品生产没有直接关系,应作为期间费用,直接记入当期损益,不构成产品生产成本。因此,生产过程核算的主要任务就是核算和监督生产费用的发生情况,计算产品的生产成本。

一、生产过程核算需设置的主要账户

为了归集生产过程中发生的生产费用,正确计算产品生产成本,需设置以下账户:

提示:
当月所有完工产品均需在月末结转生产成本,无论其是否全部出售。

1. “生产成本”账户。本账户属成本类,用于归集产品生产过程中发生的一切费用,计算产品的实际生产成本,包括生产各种产品(产成品、自制半成品等)、自制材料、自制工具、自制设备等成本。月份内发生直接生产费用和月末分配转入的间接生产费用,记借方;结转完工产品实际生产成本时,记贷方;余额在借方,表示生产过程中尚未完工的在产品的实际生产成本。明细账户可按产品种类设置。

2. “制造费用”账户。本账户属成本类,用于归集和分配企业为生产产品和提供劳务而发生的各种间接费用,包括车间管理人员工资及福利费、车间固定资产折旧费等。发生各种制造费用时,记借方;月末分配转入各种产品生产成本时,记贷方;月末一般无余额。该账户可按不同的车间部门和费用项目设置明细账户,进行明细核算。

3. “库存商品”账户。本账户属资产类，用于核算企业库存产成品、外购商品、存放在门市部准备出售的商品、发出展览的商品以及寄存在外商品的增加、减少和结存情况。产成品按实际生产成本验收入库时，记借方；产品出售按实际生产成本结转时，记贷方；余额在借方，表示现有库存产成品的实际成本。明细账户按产品的品种设置。

4. “应付职工薪酬”账户。本账户属负债类，用于核算企业根据有关规定应付给职工的各种薪酬。包括工资、职工福利、社会保险费、住房公积金、工会经费、职工教育经费、非货币性福利、辞退福利、股份支付等。计算提取时记贷方，发放时记借方余额一般在贷方，表示尚未支付的职工薪酬。

5. “累计折旧”账户。本账户属资产类账户。用于核算企业固定资产的累计折旧。计提折旧时记贷方，处置固定资产时记借方，余额在贷方，反映企业固定资产的累计折旧额，是固定资产的备抵账户。

6.“周转材料”账户。本账户属于资产类，用于核算企业周转材料的计划成本或实际成本，包括包装物、低值易耗品，以及企业的钢模板、木模板、脚手架等。购进时记借方，领用转销时记贷方，余额在借方，反映企业在库周转材料的计划成本或实际成本以及在用周转材料的摊余价值。

生产过程中除了需要设置和应用以上账户外，还需要设置“制造费用”、“管理费用”、“其他应收款”、“其他应付款”等其他账户，对此将结合有关经济业务予以说明。

二、生产过程主要经济业务的核算

生产过程的主要经济业务有领用材料、计提职工工资及职工福利费、计提固定资产折旧、分配制造费用和结转完工产品实际成本等。下面，以宏业工厂12月份发生的生产业务为例，说明生产过程主要经济业务的核算。

例 4–5 仓库发出材料供产品生产和其他耗用，价值74880元。具体领用情况如表4–2所示。

表 4–2

项　目	A材料		B材料		C材料		合　计	
	数量（千克）	金额（元）	数量（千克）	金额（元）	数量（千克）	金额（元）	数量（千克）	金额（元）
制造甲产品耗用	1500	7800	2000	8400	1000	8200		24400
制造乙产品耗用	800	4160	1600	6720	2000	16400		27280
车间一般耗用	200	1040	400	1680	800	6560		9280
厂部管理耗用	300	1560	600	2520	1200	9840		13920
合　计	2800	14560	4600	19320	5000	41000		74880

这笔经济业务的发生，一方面说明材料耗用增加，应按用途进行归集，分别记入“生产成本”、“制造费用”和“管理费用”账户的借方；另一方面说明库存材料因为领用而减少，应记入“原材料”账户的贷方。根据有关原始凭证，编制如下会计分录：

注意：
原材料物料耗用凡涉及用途的均应按用途归集。

借:生产成本——甲产品 24400
——乙产品 27280
制造费用 9280
管理费用 19320
贷:原材料——A材料 14560
——B材料 19320
——C材料 41000

例 4-6 结算本月应付职工工资3万元，其中制造甲产品工人工资为1.2万元,制造乙产品工人工资为8000元,车间管理人员工资为4000元,厂部人员工资为6000元。

工资的核算,应通过设置“应付职工薪酬——工资”账户进行。本账户属负债类,用于核算企业应付给职工的工资总额,包括工资、奖金和津贴等。凡是构成工资总额的项目,不论是否在当月支付都必须通过该账户核算。按规定计提职工工资总额时,记贷方;实际发放职工工资时,记借方;余额在贷方,表示尚未支付的工资额。余额在借方,表示提前预付的工资额。

以上这笔经济业务的发生，一方面说明本月应付给职工工资总额增加,应记入“应付职工薪酬”账户的贷方;另一方面说明工资耗费的增加,应按工人工作岗位的地点分别记入“生产成本”、“制造费用”和“管理费用”账户的借方。根据有关原始凭证,编制如下会计分录:

借:生产成本——甲产品 12000
——乙产品 8000
制造费用 4000
管理费用 6000
贷:应付职工薪酬——工资 30000

例 4-7 按上例工资总额的14%计提职工福利费。

职工福利费的核算,应通过设置“应付职工薪酬——职工福利”账户进行。本账户属负债类,用于核算企业按规定提取的职工福利费及使用情况。按规定比例(一般为工资总额的14%)提取职工福利费时,记贷方;按规定用途使用时,记借方;余额一般在贷方,表示已提未用的职工福利费的结余数。

以上这笔经济业务的发生,一方面说明职工福利费的增加,应记入“应付职工薪酬——职工福利”账户的贷方;另一方面说明企业耗费增加,应按工资费用的归属分别记入“生产成本”、“制造费用”和“管理费用”账户的借方。根据有关原始凭证,编制如下会计分录:

借:生产成本——甲产品 1680
——乙产品 1120
制造费用 560
管理费用 840
贷:应付职工薪酬——职工福利 4200

例 4-8 计提本月固定资产折旧1.8万元。其中,生产用固定资产折旧为1.2

万元，厂部固定资产折旧为6000元。

固定资产折旧是指固定资产在使用过程中，因为使用磨损、技术进步和其他原因而减少的价值。这部分价值应按照固定资产原值和规定的折旧率按月提取，计入费用成本，从当期的销售收入中得到补偿。其核算主要通过设置“累计折旧”账户进行。该账户属资产类，是“固定资产”账户的抵减账户。按规定提取固定资产折旧时，记贷方；已提固定资产折旧减少或转销时，记借方；余额在贷方，表示现有固定资产已提折旧的累计数。

以上这笔经济业务的发生，一方面说明固定资产折旧的增加，应记入“累计折旧”账户的贷方；另一方面说明固定资产耗费的增加，应按固定资产所在的地点，分别记入“制造费用”和“管理费用”账户。根据有关原始凭证，编制如下会计分录：

借：制造费用　12000
　　管理费用　6000
　贷：累计折旧　18000

例 4-9 以银行存款预付明年全年的报刊杂志费5000元。

这笔经济业务的发生，一方面说明企业其他应收款的增加，应记入“其他应收款”账户的借方；另一方面说明银行存款减少，应记入“银行存款”账户的贷方。根据有关原始凭证，编制如下会计分录：

借：其他应收款——待摊　5000
　贷：银行存款　5000

例 4-10 企业领用低值易耗品6000元，其中，车间领用4000元，厂部领用2000元。

这笔经济业务的发生，一方面说明周转材料的减少，应记入“周转材料”账户的贷方；另一方面说明企业耗费的增加，应分别记入“制造费用”和“管理费用”账户的借方。根据有关原始凭证，编制如下会计分录：

借：制造费用　4000
　　管理费用　2000
　贷：周转材料——摊销　6000

例 4-11 摊销应由本月负担的报刊杂志费800元。

这笔经济业务的发生，一方面说明其他应收款因为摊销而减少，应记入“其他应收款”账户的贷方；另一方面说明企业耗费的增加，应记入“管理费用”账户的借方。根据有关原始凭证，编制如下会计分录：

借：管理费用　800
　贷：其他应收款——待摊　800

例 4-12 汇集本月发生的制造费用29840元，并按生产工人工资比例予以分配。其中，甲产品应负担17904元，乙产品应负担11936元。

制造费用是产品生产成本的组成部分，“制造费用”账户归集了月内发生的各种间接费用，月末应将该账户的金额分配转入“生产成本”账户，以计算产品生产成本。

以上这笔经济业务的发生，一方面要转销制造费用，应记入“制造费用”账户的贷方；另一方面要分配转入产品生产成本，应记入“生产成本”账户的借方。根据有关原始凭证，编制如下会计分录：

借：生产成本——甲产品　　17904

　　　　　　——乙产品　　11936

　贷：制造费用　　29840

例 4-13 计算并结转本月完工产品生产成本。其中：本月甲产品100台全部制造完工并验收入库，经计算实际生产成本为55984元，予以结转；乙产品80台，尚未完工，其实际生产成本为48336元。

这笔经济业务的发生，一方面说明甲产品已全部完工，应按实际生产成本转账，记入“生产成本”账户的贷方；另一方面说明库存产成品增加，应记入“库存商品”账户的借方。而乙产品尚未完工，其实际生产成本应保留在“生产成本”账户的借方，为在产品的实际生产成本，不需进行账务处理。根据有关原始凭证，编制如下会计分录：

借：库存商品——甲产品　　55984

　贷：生产成本——甲产品　　55984

将例4-5至例4-13发生的经济业务登记入账，如图4-1所示。

原材料

借方		贷方	
		(5)	74880

应付职工薪酬——工资

借方		贷方	
		(6)	30000

生产成本

借方		贷方	
(5)	51680	(13)	55984
(6)	20000		
(7)	2800		
(12)	29840		

库存商品

借方		贷方	
(13)	55984		

应付职工薪酬——职工福利

借方		贷方	
		(7)	4200

累计折旧

借方		贷方	
		(8)	18000

周转材料

借方		贷方	
		(10)	6000

其他应收款

借方		贷方	
(9)	5000	(11)	800

银行存款

借方		贷方	
		(9)	5000

制造费用

借方		贷方	
(5)	9280	(12)	29840
(6)	4000		
(7)	560		
(8)	12000		
(10)	4000		

管理费用

借方		贷方	
(5)	19320		
(6)	6000		
(7)	840		
(8)	6000		
(10)	2000		
(11)	800		

图 4-1

三、期间费用的核算

(一)期间费用的含义和内容

期间费用是指本期发生的、不能直接或间接归入某种产品成本的各项费用,包括管理费用、销售费用和财务费用。

管理费用是指企业行政管理部门为组织和管理生产经营活动而发生的各项耗费,包括企业在筹建期间内发生的开办费、矿产资源补偿费、排污费、管理部门耗用的材料,管理人员工资及福利费,管理部门固定资产折旧费,工会经费,职工教育经费,业务招待费,房产税、车船使用税、土地使用税、印花税等相关税金,技术转让费,无形资产摊销,咨询费,诉讼费,提取的坏账准备,提取的存货跌价准备,公司经费,聘请中介机构费,研究与开发费,劳动保险费,待业保险费,董事会会费和其他管理费用等。

销售费用是指企业在销售商品和材料、提供劳务等日常经营过程中发生的各项费用及专设销售机构的各项费用,包括运输费、装卸费、包装费、保险费、展览费、广告费、租赁费,业务费、商品维修费、预计产品质量保证损失、以及为销售本公司商品而专设的销售机构的职工工资、福利费等经常性费用。商品流通企业在供货过程中发生的运输费、装卸费、包装费、运输途中的合理损耗和入库前的挑选整理费,也作为营业费用核算。

财务费用是指为筹集生产经营所需资金而发生的费用,包括利息支出(减利息收入)、金融机构手续费支出、汇兑净损失以及相关手续费、企业发生的现金折扣或收到的现金折扣等为筹集生产经营资金发生的其他支出等。

(二)期间费用核算需设置的主要账户

1.“管理费用”账户。本账户属损益类,用于核算企业行政管理部门为组织和管理生产经营活动而发生的各种费用,包括管理人员工资及福利费、厂部固定资产折旧费和厂部管理耗用的材料费等。发生各种管理费用时,记借方;期末将余额结转到“本年利润”账户时,记贷方;期末一般无余额。明细账户可按费用项目设置。

2.“销售费用”账户。本账户属损益类,用于核算企业销售产品过程中发生的各种销售费用。发生各种销售费用时,记借方;月末结转至“本年利润”账户时,记贷方;结转后无余额。明细账户一般按费用项目设置。

3.“财务费用”账户。本账户属损益类,用于核算企业为筹集生产经营所需资金而发生的费用支出。发生各项支出时,记借方;月末转入“本年利润”账户时,记贷方;结转后无余额。其明细账可按费用项目设置。

第四节 销售过程的核算

销售过程是制造企业生产经营过程的第三个阶段。在销售过程中,企业要将生产过程中生产出来的产成品销售出去,收回货币资金,以弥补企业为生产

提示:
企业销售产品取得的收入为产品销售收入,记入“主营业务收入”账户。

产品而发生的生产耗费,保证生产经营过程的顺利进行。销售过程是企业生产经营过程的最后一个阶段,也是资金周转最重要的过程,如果企业生产出来的产品不能销售出去,产品价值就不能实现,企业再生产过程将难以为继。

企业销售产品取得的收入为产品销售收入。随着产品销售的实现,被售出产品的实际生产成本就转化为产品销售成本。为了实现产品销售,还会发生各种销售费用,如包装费、运杂费、保险费、广告费和为销售本企业产品而专设的销售机构的经费等。此外,企业在取得产品销售收入时,还必须按国家规定缴纳销售税金及附加费,如消费税、城市维护建设税和教育费附加等。根据配比原则,企业销售收入抵补各项销售支出后的差额为产品销售利润。所有这一切,构成了销售过程主要经济业务的核算内容。

一、销售过程核算需设置的主要账户

为了全面核算企业销售过程发生的经济业务,正确确定产品销售成果,需设置以下账户:

提示:
销售过程中,销售产品,记入借方的账户可以是“银行存款”、“应收账款”、“应收票据”、“预收账款”等账户,记入贷方的账户是“主营业务收入”和“应交税费——应交增值税”账户。

1.“主营业务收入”账户。本账户属于损益类,用于核算企业销售商品、提供劳务等所取得的收入。按规定的销售实现条件确认销售收入时,记贷方;月末结转至“本年利润”账户时,记借方;结转后本账户无余额。明细账户一般按产品类别设置。

2.“主营业务成本”账户。本账户属于损益类,用于核算企业确认销售商品、提供劳务等主营业务收入时应结转的成本。产品销售收入实现后结转已销产品生产成本时,记借方;月末结转至“本年利润”账户时,记贷方;结转后本账户无余额。明细账户一般按产品类别设置。

3.“营业税金及附加”账户。本账户属于损益类,用于核算企业产品销售过程中应由销售产品负担的各种销售税金及附加,包括营业税、消费税、城市维护建设税、资源税和教育费附加等相关税费。按规定计提各种销售税金及附加时,记借方;月末结转至“本年利润”账户时,记贷方;结转后本账户无余额。明细账户一般按销售税金种类设置。

4.“应收账款”账户。本账户属于资产类,用于核算企业因销售商品、提供劳务而应向购货单位收取的款项。发生应收账款时,记借方;收回应收账款时,记贷方;余额一般在借方,表示尚未收回的应收账款。明细账户一般按购货单位名称设置。

此外,为了核算企业除应交税金以外的其他应交款项,还应设置“其他应付款”账户;在采用商业承兑汇票方式结算货款的情况下,应设置“应收票据”账户;在预收货款销售方式下,应设置“预收账款”账户核算预收款项的发生和结算情况。

二、销售过程主要经济业务的核算

销售过程的主要经济业务有:销售产品,取得销售收入并结算货款;结转已销产品生产成本；支付产品销售费用；计提产品销售税金及附加。下面，以宏业工厂12月份销售业务为例分别予以说明。

例 4-14 向本地江南商场出售甲产品60台，每台售价980元，计58800元，增值税销项税额为9996元，产品已发出，货款收到存入银行。

这笔经济业务的发生，一方面说明企业销售收入和销项税额增加，应分别记入"主营业务收入"和"应交税费"账户的贷方；另一方面说明银行存款的增加，应记入"银行存款"账户的借方。根据有关原始凭证，编制如下会计分录：

借：银行存款　　68796
　　贷：主营业务收入　　58800
　　　　应交税费——应交增值税（销项税额）　　9996

例 4-15 向外地金鑫工厂出售甲产品30台，每台售价980元，计29400元，增值税销项税额为4998元，产品已发出，款项尚未收到。

这笔经济业务的发生，一方面说明企业销售收入和销项税额增加，应分别记入"主营业务收入"和"应交税费"账户的贷方；另一方面说明应收账款的增加，应记入"应收账款"账户的借方。根据有关原始凭证，编制如下会计分录：

借：应收账款——金鑫工厂　　34398
　　贷：主营业务收入　　29400
　　　　应交税费——应交增值税（销项税额）　　4998

例 4-16 结转已销甲产品90台的实际生产成本50386元。

这笔经济业务的发生，一方面说明库存商品因销售而减少，应记入"库存商品"账户的贷方；另一方面说明产品销售成本的增加，应记入"主营业务成本"账户的借方。根据有关原始凭证，编制如下会计分录：

借：主营业务成本　　50386
　　贷：库存商品　　50386

例 4-17 以银行存款支付甲产品广告费3000元。

这笔经济业务的发生，一方面说明产品销售费用的增加，应记入"销售费用"账户的借方；另一方面说明银行存款的减少，应记入"银行存款"账户的贷方。根据有关原始凭证，编制如下会计分录：

借：销售费用　　3000
　　贷：银行存款　　3000

例 4-18 按本月应交增值税的一定比例计提应交城市维护建设税62元，教育费附加18元。

这笔经济业务的发生，一方面说明产品销售税金及附加的增加，应记入"营业税金及附加"账户的借方；另一方面说明应交税务机关款项的增加，应交城市维护建设税记入"应交税费"账户的贷方，应交教育费附加记入"其他应付款"账户的贷方。根据有关原始凭证，编制如下会计分录：

借：营业税金及附加　　80
　　贷：应交税费——应交城市维护建设税　　62

其他应付款——应交教育费附加　　18

例 4-19　收回金鑫工厂货款34398元，存入银行。

这笔经济业务的发生，一方面说明银行存款的增加，应记入“银行存款”账户的借方；另一方面说明应收账款的减少，应记入“应收账款”账户的贷方。根据有关原始凭证，编制如下会计分录：

借：银行存款　　34398

　贷：应收账款——金鑫工厂　　34398

第五节　财务成果的核算

一、财务成果的构成与计算

财务成果是指企业生产经营活动的最终成果，通常用企业各项收入抵补各项支出后的差额来反映，表现为盈利或亏损。企业通过供、产、销过程取得的产品销售利润，还不是企业的最终财务成果。企业在生产经营过程中，由于种种原因，还会发生一些其他收支业务，同属财务成果的组成部分。

企业财务成果通常由营业利润、投资净收益和营业外收支净额三部分构成。其计算公式如下：

利润总额=营业利润+投资净收益+营业外收支净额

营业利润是指企业从事生产经营业务所获得的利润，包括主营业务利润和其他业务利润。其计算公式为：

营业利润=主营业务利润+其他业务利润-销售费用-管理费用-财务费用

主营业务利润是企业从事主要经营业务所获得的利润，在制造企业表现为产品销售利润。其计算公式为：

主营业务利润=主营业务收入-主营业务成本-营业税金及附加

其他业务利润是企业从事主营业务以外的其他附属经营业务所获得的利润。制造企业的其他业务包括产品销售以外的其他销售业务、出租业务和非工业性劳务等，如材料物资销售、固定资产出租、包装物出租和出售、转让无形资产及修理、运输业务等。企业从事这些业务所获得的收入为其他业务收入，为取得收入而发生的相应支出，如销售及劳务成本、费用和营业税金及附加等为其他业务支出，两者相抵的差额为其他业务利润。其计算公式为：

其他业务利润=其他业务收入-其他业务支出

投资净收益是指企业对外投资所取得的收入，如转让、出售股票、债券所得的股利、利息等抵减对外投资所发生的损失后的差额。其计算公式为：

投资净收益=对外投资收益-对外投资损失

营业外收支净额是指营业外收入与营业外支出相抵后的差额。营业外收入是指企业发生的与本企业生产经营无直接关系的各项收入，包括固定资产盘盈收入、处理固定资产净收入和无法支付的应付账款等。营业外支出是指企业发生的与本企业生产经营无直接关系的各项支出，如固定资产盘亏损失、处理固定资产净损失、对外捐赠支出、罚没支出和非常损失等。其计算公式为：

营业外收支净额=营业外收入-营业外支出

企业实现的利润总额减去所得税后的差额为企业利润净额。根据我国税法规定，企业应按纳税所得额（一般为利润总额）的一定比例（一般为25%）向国家缴纳所得税。所得税是企业的一项费用支出，应直接计入当期损益。企业利润总额抵减所得税后构成利润净额。其计算公式为：

利润净额＝利润总额－所得税

企业实现的利润净额，除国家另有规定者外，一般按以下顺序进行分配：

1. 被没收财物损失、违反税法规定支付的滞纳金和罚款；
2. 弥补企业以前年度亏损；
3. 提取法定盈余公积；
4. 提取公益金；
5. 提取任意盈余公积；
6. 向投资者分配利润。

提示：
企业实现的利润总额减去所得税费用后的差额为企业利润净额。

二、财务成果核算需设置的主要账户

企业利润是随生产经营活动的进行逐步形成的。为了反映利润的形成过程，应设置一系列的损益类账户，以便在有关经济业务发生时，用来归集形成利润的各项收入和费用。利润的计算和结转通过设置"本年利润"账户进行，而利润的分配的核算通过设置"利润分配"账户进行。

1. "本年利润"账户。本账户属所有者权益类，用于核算企业在本年度实现的利润总额。为了反映各个会计期间的财务成果，各损益类账户必须于月末结转至该账户。将各收入类账户结转至本账户时，记贷方；将各支出类账户结转至本账户时，记借方；余额一般在贷方，表示本年度累计实现的利润净额，若在借方，则表示本年度累计发生的亏损净额。年度终了，应将本账户余额全部转入"利润分配——未分配利润"账户，结转后本账户无余额。

2. "利润分配"账户。本账户属所有者权益类。用来核算企业本年度利润的分配（或亏损的弥补）和历年利润分配（或亏损的弥补）的结余情况。企业按规定进行利润分配时，记借方；用盈余公积补亏和年末将"本年利润"账户余额转入时，记贷方；余额一般在贷方，表示累计未分配利润；余额若在借方，表示累计未弥补亏损。其明细账户应按国家规定设置"提取盈余公积"、"盈余公积补亏"、"应付利润"、"未分配利润"等利润分配项目。

提示：
企业财务成果核算需设置的主要账户有十个。

3. "盈余公积"账户。本账户属所有者权益类，用于核算企业从利润中提取的法定盈余公积和公益金。企业按规定提取法定盈余公积和公益金时，记贷方；按规定用途使用时，记借方；余额一般在贷方，表示已提取尚未使用的数额。其明细账分设"法定盈余公积"和"公益金"项目。

4. "应付股利"账户。本账户属负债类，用于核算企业应付给投资者的利润。

企业按规定提取应付投资者利润时，记贷方；支付投资者利润时，记借方；余额一般在贷方，表示已提取尚未支付的数额。其明细账户一般按投资者名称设置。

5. “其他业务收入”账户。本账户属损益类，用于核算企业从事其他业务经营所获得的收入。取得各项收入时，记贷方；月末转入“本年利润”账户时，记借方；结转后本账户无余额。其明细账可按收入种类设置。

6. “其他业务支出”账户。本账户属损益类，用于核算企业为取得其他业务收入而发生的相应支出。发生各项支出时，记借方；月末转入“本年利润”账户时，记贷方；结转后本账户无余额。其明细账可按支出项目设置。

7. “投资收益”账户。本账户属损益类，用于核算企业对外投资取得的收入和发生的亏损。取得各项投资收入时，记贷方；发生各项投资损失时，记借方；本账户借贷方的差额应于月末结转至“本年利润”账户”，结转后本账户无余额。其明细账可按投资种类设置。

8. “营业外收入”账户。本账户属损益类，用于核算企业发生的与经营业务无关的各项收入。取得各项收入时，记贷方；月末转入“本年利润”账户时，记借方；结转后本账户无余额。本账户可按营业外收入的内容明细账户。

9. “营业外支出”账户。本账户属损益类，用于核算企业发生的与经营业务无关的各项支出。发生各项支出时，记借方；月末转入“本年利润”账户时，记贷方；结转后本账户无余额。本账户可按营业外支出的内容设明细账户。

10. “所得税”账户。本账户属损益类，用于核算企业按规定从当期利润中提取的所得税。提取时，记借方；月末转入“本年利润”账户时，记贷方；结转后本账户无余额。本账户一般不设明细账户。

三、财务成果的核算

财务成果核算的主要内容有：与财务成果有关的各项收支业务；月末计算和结转当期利润总额；年末计提并结转当年应交所得税；进行当年利润分配。下面以宏业工厂12月份发生的有关经济业务为例，从利润形成和利润分配两个方面予以说明。

（一）利润形成的核算

例 4-20 出售材料一批，售价6000元，增值税销项税额为1020元，款已收到存入银行。该批材料的实际采购成本为4500元。

这笔经济业务属于产品销售以外的其他销售业务，应通过“其他业务收入”和“其他业务支出”账户核算。对发生的收入，一方面应记入“银行存款”账户的借方，另一方面应记入“其他业务收入”和“应交税费”账户的贷方。结转已销材料的实际采购成本时，一方面应记入“其他业务成本”账户的借方；另一方面应记入“原材料”账户的贷方。根据有关原始凭证，编制如下会计分录：

（1）借：银行存款	7020	
贷：其他业务收入		6000
应交税费——应交增值税（销项税额）		1020

(2)借:其他业务支出 4500

贷:原材料 4500

例 4-21 收到珠江公司的债券利息收入8000元,存入银行。

这笔经济业务的发生,一方面说明银行存款的增加,应记入“银行存款”账户的借方;另一方面说明债券投资收益的增加,应记入“投资收益”账户的贷方。根据有关原始凭证,编制如下会计分录:

借:银行存款 8000

贷:投资收益 8000

例 4-22 计提应由本月负担的短期借款利息1200元。

这笔经济业务的发生,一方面说明利息费用的增加,应记入“财务费用”账户的借方;另一方面说明预提费用的增加,应记入“应付利息”账户的贷方。根据有关原始凭证,编制如下会计分录:

借:财务费用 1200

贷:应付利息 1200

例 4-23 以银行存款支付职工子弟学校经费2000元。

这笔经济业务的发生,一方面说明营业外支出的增加,应记入“营业外支出”账户的借方;另一方面说明银行存款的减少,应记入“银行存款”账户的贷方。根据有关原始凭证,编制如下会计分录:

借:营业外支出 2000

贷:银行存款 2000

例 4-24 没收新华公司逾期未退回的包装物押金6000元。

这笔经济业务的发生,一方面说明营业外收入的增加,应记入“营业外收入”账户的贷方;另一方面说明原暂收金额的减少,应记入“其他应付款”账户的借方。根据有关原始凭证,编制如下会计分录:

借:其他应付款——N公司 6000

贷:营业外收入 6000

例 4-25 收到大发公司交来的罚款6000元,存入银行。

这笔经济业务的发生,一方面说明营业外收入的增加,应记入“营业外收入”账户的贷方;另一方面说明银行存款的增加,应记入“银行存款”账户的借方。根据有关原始凭证,编制如下会计分录:

借:银行存款 6000

贷:营业外收入 6000

例 4-26 计算并结转宏业工厂12月份利润总额。

综合宏业工厂12月份发生的所有经济业务,各损益类账户期末结转前的余额如表4-3所示。

表4–3

账户名称	借方余额	贷方余额
主营业务收入		88200
主营业务成本	50386	
销售费用	3000	
营业税金及附加	80	
其他业务收入		6000
其他业务支出	4500	
管理费用	34960	
财务费用	1200	
投资收益		8000
营业外收入		12000
营业外支出	2000	

根据有关规定，各损益类账户的余额必须于期末结转至“本年利润”账户，以分期计算各期经营成果，汇总计算本年利润总额。根据表4–3资料和有关原始凭证，编制如下会计分录：

（1）借：主营业务收入　88200
　　其他业务收入　6000
　　投资收益　8000
　　营业外收入　12000
　　贷：本年利润　114200

（2）借：本年利润　96126
　　贷：主营业务成本　50386
　　　销售费用　3000
　　　营业税金及附加　80
　　　其他业务支出　4500
　　　管理费用　34960
　　　财务费用　1200
　　　营业外支出　2000

以上各项收入抵补各项支出后的差额18074元为本期实现的利润总额，通过“本年利润”账户借贷方的差额体现。

例 4–27 按利润总额的25%计提当月应交所得税并予以结转。

这笔经济业务的发生，一方面说明所得税费用的增加，应记入“所得税”账户的借方；另一方面说明应交税务机关款项的增加，应记入“应交税费”账户的贷方。根据有关原始凭证，编制如下会计分录：

借：所得税　4518.50
　　贷：应交税费——应交所得税　4518.50

同时，与其他损益类账户一样，应将“所得税”账户结转至“本年利润”账户。根据有关原始凭证，编制如下会计分录：

借:本年利润　　4518.50

　　贷:所得税　　4518.50

当期利润额扣除当月所得税后的数额13555.50元,为当期利润净额,是宏业工厂12月份的最终财务成果。

(二)利润分配的核算

例 4-28 假设宏业工厂1—11月份实现的利润净额为136444.50元,本年可供分配的利润总额为150000元(136444.50+13555.50)。年终分别按当年利润净额的10%、5%、40%计提法定盈余公积、公益金和应付投资者利润。

这笔经济业务的发生,一方面说明利润分配的增加,应记入“利润分配”账户的借方;另一方面说明盈余公积和应付投资者利润的增加,应分别记入“盈余公积”和“应付股利”账户的贷方。根据有关原始凭证,编制如下会计分录:

借:利润分配——提取法定盈余公积　　15000

　　　　　——提取法定公益金　　7500

　　　　　——应付利润　　60000

　　贷:盈余公积——法定盈余公积　　15000

　　　　　　——公益金　　7500

　　　应付股利　　60000

当年实现的利润净额150000元扣除利润分配额82500元后的差额67500元,为宏业工厂当年未分配利润。

将例4-14至例4-28发生的经济业务登记入账,如图4-2所示。

主营业务成本

借		贷	
(16)	50386	(26)	50386

销售费用

借		贷	
(17)	3000	(26)	3000

营业税金及附加

借		贷	
(18)	80	(26)	80

其他业务支出

借		贷	
(20)	4500	(26)	4500

管理费用

借		贷	
		(26)	34960

财务费用

借		贷	
(22)	1200	(26)	1200

本年利润

借		贷	
(26)	96126	(26)	114200
(27)	4518.50		

银行存款

借		贷	
(14)	68796	(17)	3000
(19)	34398	(23)	2000
(20)	7020		
(21)	8000		
(25)	6000		

应交税费

借		贷	
		(14)	9996
		(15)	4998
		(18)	62
		(20)	1020
		(27)	4518.50

主营业务收入

借		贷	
(26)	88200	(14)	58800
		(15)	29400

其他业务收入

借		贷	
(26)	6000	(20)	6000

投资收益

借		贷	
(26)	8000	(21)	8000

营业外收入

借		贷	
(26)	12000	(24)	6000
		(25)	6000

借	营业外支出	贷
（23） 2000		（26） 2000

借	所得税	贷
（27）4518.50		（27）4518.50

借	库存商品	贷
		（16） 50386

借	原材料	贷
		（20） 4500

借	利润分配	贷
（28） 82500		

借	盈余公积	贷
		（28） 22500

借	应付股利	贷
		（28） 60000

借	应付利息	贷
		（22） 1200

借	其他应付款	贷
（24） 6000		（18） 18

借	应收账款	贷
（15） 34398		（19） 34398

图 4–2

自我检测

本章的学习已全部完成，请检验以下学习目标你是否达到了：

- 能够说明制造企业的主要经济业务和核算任务；
- 正确说明制造企业供应过程的主要经济业务，并知道在供应过程中需要设置哪些账户，如何核算；
- 掌握制造企业生产及销售过程的主要经济业务内容及设置账户的名称并会核算；
- 理解什么是期间费用，掌握它的内容；
- 了解财务成果的含义，掌握它的内容，以及如何计算；
- 掌握财务成果核算应设置哪些账户以及如何核算。

第五章 账户分类

账户分类是为会计界人员更好地掌握账户的性质、用途而做出的分类,通过这种分类把一些相同性质的账户归类,便于人们掌握。我们根据这种分类可在对某一账户不甚了解的情况下,了解这个账户,有助于我们理解和记忆。

账户作为对经济业务进行分类、确认、记录的一种手段,每个账户都规定了特定的核算内容,它们从不同的角度、不同的环节反映和监督资产、负债和所有者权益的变化。

为了连续、系统、全面地记录经济业务,核算上设置了一系列账户。这些账户既相互联系又有区别,既独立地存在,又能共同反映一项经济业务。账户设置数量、每个账户性质、反映内容,以及它们之间的关系,都会影响到对经济业务进行全面、系统的核算和监督。

为了准确掌握每个账户的具体内容、账户性质、用途、结构,以及账户之间的相互联系,以便更科学合理地规范、设置和运用账户,应该进一步学习、掌握账户的分类。

账户可以从不同的角度进行分类,这里重点介绍账户按经济内容分类和账户按用途结构分类。

第一节 账户按经济内容分类

账户的经济内容,是指账户所反映会计对象的具体内容。会计对象的具体内容也就是会计要素。所以说,账户按经济内容分类,也就是按会计要素分类。

账户按其经济内容(会计要素),可分为资产类、负债类、所有者权益类、成本类、损益类五类账户。

提示: 账户按经济内容可分为五大类。

一、资产类账户

资产类账户是反映企业各项资产增减变化及其结存情况的账户。按资产的流动性不同,又可分为以下两类:

一是反映流动资产的账户。流动资产账户是用以核算和反映可以在1年或超过1年的一个营业周期内变现或耗用的资产。如“库存现金”、“银行存款”、“交易性金融资产”、“应收账款”、“其他应收款”、“原材料”、“库存商品”等账户。

二是反映非流动资产的账户,如“固定资产”、“累计折旧”、“长期股权投想一想：
“累计折旧”账户是一个什么性质的账户？

资”、“长期债权投资”、“无形资产”、“长期待摊费用”等账户。

二、负债类账户

负债类账户是反映企业各项负债增减变动的账户。按负债的偿还期不同，又可以分为以下两类：

一是反映流动负债的账户，如“短期借款”、“应付职工薪酬”、“应交税费”、“其他应付款”、“应付利息”等账户。

二是反映长期负债类的账户，如“长期借款”、“应付债券”、“长期应付款”等账户。

三、共同类账户

共同类账户是指其账户不能固定地划分为资产账户或负债账户，其账户在某一时期的经济内容由该账户在某一时期的余额来决定，如其账户在某一时期的余额在贷方，则该账户在这时期属负债类账户。反之，则属资产类账户。

共同类账户由衍生工具、套期工具和被套期项目组成。

四、所有者权益类账户

所有者权益类账户是反映所有者权益增减变动的账户。按所有者权益的来源不同和构成，又可以分为以下三类：

一是反映所有者原始投资的账户，如“实收资本(股本)”账户。

二是反映积累的账户，如“资本公积”、“盈余公积”等账户。

三是反映未分配利润的账户，如“本年利润”、“利润分配”等账户。

五、成本类账户

成本类账户是反映企业生产经营过程中各成本计算对象的费用归集、成本计算情况的账户。按生产经营的不同阶段，又可以分为以下两类：

一是反映供应过程成本的账户，如“在途物资”账户。

二是反映生产过程成本的账户，如“生产成本”、“制造费用”账户。

六、损益类账户

损益类账户是反映企业应直接计入当期损益的各项收入和费用账户。按损益的性质和内容不同又可以分为以下三类：

一是反映营业损益的账户，如“主营业务收入”、“主营业务成本”、“营业税金及附加”、“销售费用、“管理费用”等账户。

二是反映营业外收支的账户，如“营业外收入”、“营业外支出”等账户。

三是反映所得税核算的账户，如“所得税”账户。

账户按其经济内容的分类如图5-1所示。

- 账户
  - 资产类账户
    - 反映流动资产账户
      - “库存现金”账户
      - “银行存款”账户
      - “交易性金融资产”账户
      - “应收账款”账户
      - “预付账款”账户
      - “其他应收款”账户
      - “原材料”账户
      - “库存商品”账户
    - 反映长期资产账户
      - “长期股权投资”账户
      - “固定资产”账户
      - “无形资产”账户
      - “长期待摊费用”账户
  - 负债类账户
    - 反映流动负债账户
      - “短期借款”账户
      - “应付账款”账户
      - “应付职工薪酬”账户
      - “应交税费”账户
      - “应付利息”账户
      - “其他应付款”账户
    - 反映长期负债账户
      - “长期借款”账户
      - “应付债券”账户
      - “长期应付款”账户
      - “专项应付款”账户
  - 共同类账户
    - 衍生工具
    - 套期工具
    - 被套期项目
  - 所有者权益类账户
    - 反映原始投资账户——“实收资本”账户
    - 反映积累的账户
      - “资本公积”账户
      - “盈余公积”账户
    - 反映未分配利润账
      - “本年利润”账户
      - “利润分配”账户
  - 成本类账户
    - 反映供应过程成本账户——“在途物资”账户
    - 反映生产过程成本账户
      - “生产成本”账户
      - “制造费用”账户
  - 损益类账户
    - 反映营业损益账户
      - “主营业务收入”账户
      - “主营业务成本”账户
      - “营业税金及附加”账户
      - “销售费用”账户
      - “管理费用”账户
      - “财务费用”账户
    - 反映营业外收支账户
      - “营业外收入”账户
      - “营业外支出”账户
    - 反映所得税核算账户——“所得税”账户

图 5–1　账户按经济内容分类

第二节 账户按用途和结构分类

账户的用途是指通过账户的记录，能够提供哪些核算指标，也就是开设和运用账户的目的。如开设“原材料”账户的目的是为了提供库存原材料收、发和结存情况，通过“原材料”账户的记录，可以提供一定期间内原材料的收入、发出和结存指标。账户的结构是指在账户中怎样记录经济业务，才能取得各种必要的核算指标，也就是账户的借方和贷方登记的内容，余额的方向及其表示的内容。如“原材料”账户的借方记录入库材料的实际成本；贷方记录发出材料的实际成本；借方余额表示结存原材料的实际成本。账户按会计要素分类是基本的、主要的分类，而账户按用途和结构分类也是必要的，并且是对按会计要素分类的补充。账户按用途和结构分类，可分为盘存账户、结算账户、暂记账户、集合分配账户、跨期摊提账户、调整账户、资本账户、成本计算账户、损益计算账户、财务成果计算账户等十类账户。现以企业常用的基本账户为例说明各类账户的特点。

一、盘存账户

盘存账户是用来核算和监督各种财产物资和货币资金的增减变动及其结存情况的账户。这类账户的借方登记各种财产物资或货币资金的收入或增加数；贷方登记其支出或减少数；账户的余额总是在借方，表示各项财产物资或货币资金的结存数额。盘存账户的结构可用表5–1表示。

表 5–1

借方　　　　盘存账户　　　　贷方

期初余额：期初财产物资或货币资金结存额 发生额：本期财产物资或货币资金的增加额	发生额：本期财产物资或货币资金减少额
期末余额：期末财产物资或货币资金的结存额	

属于盘存账户的有“原材料”、“库存商品”、“周转材料”、“库存现金”、“银行存款”、“固定资产”等账户。

盘存账户均可以通过财产清查的方法，如实地盘点法、核对账目法等方法，检查实存的财产物资及其在经营管理上存在的问题。这类账户中除货币资金账户外，其实物明细账均可以提供实物和货币两种指标。

二、结算账户

结算账户是用来核算和监督企业同其他单位或个人之间发生的债权、债务结算情况的账户。按照账户的用途和结构具体分类，结算账户又可分为债权结算账户、债务结算账户和债权债务结算账户3类。

（一）债权结算账户

债权结算账户是专门用于核算和监督企业同各个债务单位或个人之间结

算业务的账户。这类账户的借方登记债权的增加数;贷方登记债权的减少数;这类账户的余额一般在借方,表示期末债权的实有数,债权结算账户的结构可通过表5-2表示。

表 5-2

债权结算账户

借方	贷方
期初余额:期初尚未收回的应收款项及未结算的预付款 发生额:本期应收款项的增加额及预付款增加额	发生额:本期应收款项的减少额及预付款减少额
期末余额:期末尚未收回的应收款项及未结算的预付款项	

属于债权结算账户的有"应收账款"、"其他应收款"、"预付账款"等账户。

(二)债务结算账户

债务结算账户是专门用于核算和监督企业同各个债权单位或个人之间结算业务的账户。这类账户的贷方登记债务的增加数;借方登记债务的减少数;这类账户的余额一般在贷方,表示期末债务的实有数,债务结算账户的结构可通过表5-3表示。

表 5-3

债务结算账户

借方	贷方
发生额:本期应付款项及预收款项减少额	期初余额:期初结欠的应付款项及未结算的预收款数额 发生额:本期应付款项及预收款项的增加额
	期末余额:期末结欠的应付款项及未结算的预收款项数额

属于债务结算账户的有 "长期借款"、"短期借款"、"应付账款"、"应付职工薪酬"、"应交税费"、"应付利润"、"应付利息"、"应付股利"、"预收账款"和"其他应付款"等账户。

(三)债权债务结算账户

债权债务结算账户是核算和监督企业与某一单位或个人之间发生的债权和债务往来结算业务的账户。在实际工作中,与企业经常发生结算业务的往来单位,有时是企业的债权人,有时是企业的债务人。如企业向同一单位销售产品,有些款项是预收的,预收款项时,企业是该单位的债务人。有些款项是应收未收的,应收未收款项时,企业是该单位的债权人。为了集中反映企业同某一单位或个人所发生的债权债务的往来结算情况,可以在一个账户中核算应收和应付款项的增减变动和余额。债权债务结算账户的借方登记债权的增加数和债务的减少数;贷方登记债务的增加数和债权的减少数;余额可能在借方,也可能在贷方。从明细分类账的角度看,借方余额表示期末债权的实有数,贷方余额表示期末债务的实有数;从总分类账的角度看,借方余额表示期末债权大于债务数的差额，贷方余额表示期末债务大于债权数的差额。债权债务结算账户的结构可通过表5-4表示。

表 5-4

债权债务结算账户

借方	贷方
期初余额：期初债权大于债务的差额 发生额：本期债权增加数，本期债务减少数	期初余额：期初债务大于债权的差额 发生额：本期债务增加数，本期债权减少数
期末余额：期末债权大于债务的差额	期末余额：期末债务大于债权的差额

当企业不单独设置“预收账款”账户时，可以用“应收账款”账户同时反映销售产品或提供劳务的应收款项和预收款项，“应收账款”账户便是债权债务结算账户；当企业不单独设置“预付账款”账户时，用“应付账款”账户同时反映购进材料的应付款项和预付款项，“应付账款”账户也是债权债务结算账户；当企业将其他应收款和其他应付款的增减变动和结果都集中在“其他往来”账户中核算时，“其他往来”账户也是一个债权债务结算账户。债权债务结算账户须根据总分类账户所属明细分类账户的余额方向分析判断其账户的性质。

结算账户只能提供货币指标，都是按发生结算业务的对应单位或个人开设明细分类账户，以便及时进行结算和核对账目。

三、集合分配账户

集合分配账户是用以核算和监督企业为生产产品和提供劳务而发生的各项间接费用与分配账户。如“制造费用”账户。

“制造费用” 账户借方登记发生的制造费用，贷方登记期末分配的制造费用，期末一般无余额。集合分配账户的结构如表5-5表示。

表 5-5

集合分配账户
（制造费用）

发生额：制造费用的发生额	发生额：制造费用的分配额
期末余额：0	

四、跨期摊配账户

跨期摊配账户是用来核算和监督应由几个会计期间共同负担的费用，并将这些费用在各个会计期间中进行分摊或预提的账户。企业的生产经营过程中，有些费用是在某一个会计期间支付，但应由几个受益的会计期间共同负担，以正确地计算各个会计期间的损益。按照权责发生制的原则，为严格划清费用的受益期限，设置“长期待摊费用”账户。这个账户为跨期摊配账户。账户按会计要素分类时，“长期待摊费用”账户属于资产类账户。这个账户借方是用来登记费用的实际支出数；贷方是用来登记由各个会计期间负担的费用数。“长期待摊费用”的期末余额总是在借方，表示已支付而尚未摊销的待摊费用数额。跨期摊配账户的结构可通过表5-6表示。

表 5-6

借方	跨期摊配账户	贷方
期初余额：期初已支付而尚未摊销的待摊费用数额 发生额：本期费用的支付数		发生额：本期费用的摊销或预提费用的数额
期末余额：已支付而尚未摊销的待摊费用数额		

五、调整账户

调整账户是为调整某个账户的余额，以表示被调整账户的实际余额而开设的账户。在会计核算工作中，由于经营管理上的需要或其他原因，要求某些账户反映该项经济活动的原始数据。但实际工作中，该项经济活动的原始数据又往往会发生变化。如固定资产由于使用，其价值不断减少，但从经营管理的角度考虑，需要“固定资产”账户反映固定资产的原始价值。为反映固定资产不断减少的价值，需开设“累计折旧”账户，通过“累计折旧”账户对“固定资产”账户进行调整，反映固定资产的净值。反映经济活动原始数字的账户，称为“被调整账户”；对被调整账户进行调整的账户，称为“调整账户”。调整账户按调整方式划分，又可分为抵减账户、附加账户和抵减附加账户三类。

（一）抵减账户

抵减账户亦称备抵账户，它是用来抵减被调整账户的余额，以求得被调整账户实际余额的账户。其调整方式，可用下列计算公式表示：

被调整账户余额-抵减账户余额=被调整账户实际余额

抵减账户的余额一定要与被调整账户的余额方向相反，上述公式才能成立。如果被调账户的余额在借方，调整账户的余额一定在贷方，如“固定资产”与“累计折旧”账户；如果被调整账户的余额在贷方，调整账户的余额一定在借方，如“本年利润”与“利润分配”账户。抵减账户与被调整账户的抵减方式，可通过表5-7、表5-8表示。

表 5-7

借方	被调整账户	贷方
余额：某项经济活动的原始数据		

借方	抵减账户	贷方
		余额：该项经济活动的抵减数额

表 5-8

借方	被调整账户	贷方
		余额：某项经济活动的原始数据

借方	抵减账户	贷方
余额：该项经济活动的抵减数额		

从表5–7可以看出这类被调整账户与抵减账户的关系，并可通过下式表示：

被调整账户的借方余额–抵减账户的贷方余额=该项经济活动的实际余额

从表5–8可以看出这类被调整账户与抵减账户的关系，并可通过下式表示：

被调整账户的贷方余额–抵减账户的借方余额=该项经济活动的实际余额

（二）附加账户

附加账户是用来增加被调整账户的余额，以求得被调整账户实际余额的账户。其调整方式可用下列计算公式表示：

被调整账户余额+附加账户余额=被调整账户实际余额

附加账户的余额一定要与被调整账户的余额方向一致，上述公式才能成立。如果被调整账户的余额在借方，附加账户的余额也一定在借方；如果被调整账户的余额在贷方，附加账户的余额也一定在贷方。附加账户与被调整账户的附加方式，可通过表5–9表示。

表 5–9

借方	被调整账户	贷方
余额：某项经济活动的原始数据		

借方	附加账户	贷方
余额：该项经济活动的附加数额		

从表5–9可以看出这类被调整账户与附加账户的关系，并可通过下式表示：

被调整账户的借（贷）方余额 + 附加账户的借（贷）方余额 = 该项经济活动的实际数额

（三）抵减附加账户

抵减附加账户是依据调整账户的余额方向不同，用来抵减被调整账户余额，或者用来附加被调整账户余额，以求得被调整账户实际余额的账户。当调整账户的余额与被调整账户的余额方向相反时，该类账户起抵减账户的作用，其调整方式与抵减账户相同；当调整账户的余额与被调整账户的余额方向一致时，该类账户起附加账户的作用，其调整方式与附加账户相同，如“材料成本差异账户”，这类账户的具体运用将在财务会计课程中阐述。

属于调整账户的，在本书中只有“累计折旧”、“利润分配”等两个账户。调整账户不能离开被调整账户而独立存在，有调整账户就一定有被调整账户，它们是相互联系、相互结合在一起的一组账户。调整账户与被调整账户所反映的经济内容是相同的，被调整账户反映原始数据，调整账户反映对原始数额的调整数额，二者结合起来使用，提供经营管理上所需要的某些特定指标。

六、资本账户

资本账户是用来核算和监督取得资本及提取资金的增减变动及其实有情况的账户。这类账户的贷方登记各项资本、公积金的增加数或形成数；借方登记减少数或支用数；这类账户的余额总是在贷方，表示各项资本、公积金的实有数额。资本账户的结构可用表5–10表示。

表 5-10

借方 资本账户	贷方
发生额:本期资本和公积金的减少额	期初余额:期初资本和公积金实有额 发生额:本期资本和公积金的增加额
	期末余额:期末资本和公积金实用额

属于资本账户的有“实收资本”、“资本公积”等账户。这类账户的总分类账及其明细分类账只能提供货币指标。

七、成本计算账户

成本计算账户是用来核算和监督企业经营过程中某一阶段发生的全部费用,并据此计算该阶段各个成本计算对象实际成本的账户。这类账户的借方汇集经营过程中某个阶段发生的、应计入成本的全部费用;贷方登记转出已完成某个阶段的成本计算对象的实际成本;这类账户的期末余额都在借方,表示尚未完成某个阶段成本计算对象的实际成本。成本计算账户的结构可通过表5-11表示。

表 5-11

借方 成本计算账户	贷方
期初余额:期初尚未完成某个经营阶段的成本计算对象的实际成本 发生额:汇集经营过程某个阶段发生的全部费用额	发生额:结转已完成某个经营阶段的成本计算对象的实际成本
期末余额:尚未完成该阶段的成本计算对象的实际成本	

属于成本计算账户的主要有“生产成本”、“在建工程”等账户。这类账户除设置总分类账户以外,还应按各个成本计算对象分别设置明细分类账,进行明细分类核算,提供有关成本计算对象的货币指标和实物指标。

八、损益计算账户

损益计算账户是用来归集企业生产经营过程中某个会计期间的收入和费用的账户。按照账户的用途和结构具体分类,损益计算账户又可分为期间收入账户和期间费用账户等两类。

(一) 期间收入账户

期间收入账户是专门用于归集企业在经营过程中的各项收入的账户。这类账户的贷方登记一定会计期间发生的收入数;借方登记转入“本年利润”账户中数额。由于各项期间收入都要在期末转入“本年利润”账户,所以,这类账户期末一般没有余额。期间收入账户的结构可通过表5-12表示。

表 5-12

借方 期间收入账户	贷方
发生额:结转到"本年利润"账户中的数额	发生额:归集本期内各项收入的发生数
	期末余额:0

属于期间收入账户的主要有"主营业务收入"、"营业外收入"等账户。

(二)期间费用账户

期间费用账户是专门用于归集企业在生产经营过程中各项费用的账户。这类账户的借方登记一定会计期间发生的费用数;贷方记录转入"本年利润"账户的数额。各期间费用账户在期末全部转入"本年利润"账户后,期末一般都没有余额。期间费用账户的结构可通过表5-13表示。

表 5-13

借方 期间费用账户	贷方
发生额:归集本期内各项费用的发生数	发生额:结转到"本年利润"账户中的数额
	期末余额:0

特别提示:
期间账户期末一般都没有余额;其账户的一方归集本期发生的收入或费用数额,另一方将本期归集的数额全部转出。这类账户具有明显的过渡性质。

属于期间费用账户的有 "主营业务成本"、"销售费用"、"管理费用"、"营业税金及附加"、"营业外支出"、"所得税费用"等账户。

九、财务成果账户

财务成果账户是用来计算并确定企业在一定时期(月份、季度或年度)内全部经营活动最终成果的账户。这类账户的贷方登记一定期间发生的各项收入数;借方汇集一定期间内发生的、与收入相配比的各项费用数;期末如为贷方余额表示收入大于费用的差额,为企业实现的利润总额;如为借方余额,表示收入少于费用的差额, 即为企业发生的亏损总额。财务成果账户的结构可通过表5-14表示。

表 5-14

借方 财务成果账户	贷方
发生额:转入的各项费用	发生额:转入的各项收入
(或)期末余额:发生的亏损总额	期末余额:实现的利润净额

属于财务成果账户的是"本年利润"账户。这类账户只反映企业在一年内财务成果的形成,平时的余额为本年的累计利润净额或亏损总额,年终结转后无余额。

综上所述,企业的账户按用途和结构分类,可用图5-2表示。

- 账户
  - 盘存账户
    - “库存现金”账户
    - “银行存款”账户
    - “原材料”账户
    - “交易性金融资产”账户
    - “库存商品”账户
    - “固定资产”账户
  - 结算账户
    - “应收账款”账户
    - “预付账款”账户
    - “其他应收款”账户
    - “应付账款”账户
    - “短期借款”账户
    - “应付职工薪酬”账户
    - “应交税费”账户
    - “应付股利”账户
    - “预收账款”账户
    - “其他应付款”账户
  - 集合分配账户——“制造费用”账户
  - 跨期摊配账户——“长期待摊费用”账户
  - 调整账户
    - “累计折旧”账户
    - “利润分配”账户
  - 资本账户
    - “实收资本”账户
    - “资本公积”账户
  - 成本计算账户
    - “生产成本”账户
    - “在建工程”账户
  - 损益计算账户
    - “主营业务收入”账户
    - “营业外收入”账户
    - “主营业务成本”账户
    - “销售费用”账户
    - “营业外支出”账户
    - “营业税金及附加”账户
    - “管理费用”账户
    - “财务费用”账户
    - “所得税”账户
  - 财务成果账户——“本年利润”账户

图 5–2 账户按用途和结构分类

账户还有一种分类，即按账户期末有无余额分，期末账户允许有余额的称为实账户，反之称为虚账户。

研究账户按用途和结构分类，目的在于理解和掌握各类账户所提供的指标及种类、账户结构的规律性，以便准确地运用账户，为经济管理提供有用的会计核算指标体系。

自我检测

本章的学习已全部完成，请检验以下学习目标你是否达到了：

- 明确账户分类的必要性；
- 掌握账户按经济内容的分类；
- 熟练掌握账户按用途结构的分类；
- 区分账户按经济内容分类与账户按用途结构分类的区别；
- 掌握设置集合分配账户和成本计算账户的原因。

第六章 会计凭证

第一节 会计凭证的意义

一、会计凭证的含义

会计凭证,是在会计工作中记录经济业务、明确经济责任的书面证明,是登记账簿的依据。

会计主体进行任何一项经济业务,都必须有凭证手续。由执行或完成该项经济业务的有关人员填制或取得会计凭证,详细说明该项经济业务的内容,并在会计凭证上签名或盖章,明确经济责任。填制或取得会计凭证后,要由有关人员进行审核,经审核无误,并由审核人员签章后,才可作为记账的依据。填制和审核凭证,是会计核算的专门方法之一。

会计凭证的填制和审核,对于如实反映经济业务的内容,有效监督经济业务的合理性和合法性,保证会计核算资料的真实性、可靠性、合理性,发挥会计在经济管理中的作用,具有重要意义。

填制和审核会计凭证作为会计核算的一项重要内容,在经济管理中具有重要作用。主要有以下四个方面的作用:

1. 提供经济信息和会计信息。会计人员可以根据会计凭证,对日常大量、分散的各种经济业务,进行整理、分类、汇总,并经过会计处理,为经济管理提供有用的会计信息。

2. 监督、控制经济活动。通过会计凭证的审核,可以检查经济业务的发生是否符合有关的法令、制度,是否符合业务经营、财务收支的方针和计划、预算的规定,以确保经济业务的合理、合法和有效性。监督经济业务的发生、发展,控制经济业务的有效实施,是发挥会计管理职能的重要内容。

3. 提供记账依据。会计凭证是记账的依据,通过会计凭证的填制、审核,按一定方法对会计凭证进行整理、分类、汇总,为会计记账提供真实、可靠的依据,并通过会计凭证的及时传递,对经济业务适时地进行记录。

4. 加强经济责任制。经济业务发生后,要取得或填制适当的会计凭证,证明经济业务已经发生或完成;同时要由有关的经办人员,在凭证上签字、盖章,明确业务责任人。通过会计凭证的填制和审核,使有关责任人在其职权范围内各司其职、各负其责,并利用凭证填制、审核的手续制度,进一步完善经济责任制。

二、会计凭证的种类

会计凭证是多种多样的,可以按照不同的标志进行分类。但主要是按其用途和填制程序分类,分为原始凭证和记账凭证两类。

第二节 原始凭证

原始凭证,又称原始单据,是指在经济业务发生或完成时取得或填制的,用以记录、证明经济业务已经发生或完成的原始证据,是进行会计核算的原始资料。原始凭证记载着大量的经济信息,又是证明经济业务发生的初始文件,与记账凭证相比较,具有较强的法律效力,因此,它是一种很重要的凭证。

一、原始凭证的基本内容

在会计实务中,由于各种经济业务的内容和经济管理的要求不同,原始凭证的名称、格式和内容多种多样,其填制与审核的具体内容也会因此而多种多样。但是,原始凭证作为反映经济业务已经发生或已经完成的原始证据,必须反映经济业务发生或完成的情况,并明确有关经济人的责任。所以各种原始凭证都必须具备一些基本内容,具有一些基本要素。这些基本要素主要包括以下七个方面:

1. 凭证的名称。标明原始凭证所记录业务内容的种类,反映原始凭证的用途。如“发货票”、“入库单”等。

2. 填制凭证的日期。填制原始凭证的日期一般是业务发生或完成的日期。如果在业务发生或完成时,因各种原因未能及时填制原始凭证的,应以实际填制日期为准。销售商品、产品时未能及时开出发货票的,补开发货票的日期应为实际填制时的日期。

3. 填制凭证单位或填制人姓名。

4. 经办人员的签名或盖章。经办人员签名盖章是为了通过该项内容明确经济责任。

5. 接受凭证单位的名称。将接受凭证单位与填制凭证单位或填制人员相联系,表明经济业务的来龙去脉。

6. 经济业务内容。经济业务内容主要是表明经济业务的项目、名称及有关的附注说明。

7. 数量、单价和金额。主要表明经济业务的计量,这是原始凭证的核心。

> **提示:**
> 原始凭证分为外来凭证和自制凭证。原始凭证包含七项基本要素。

二、原始凭证及其种类

原始凭证按其形成不同划分,分为外来原始凭证和自制原始凭证。

(一)外来原始凭证

外来原始凭证,是指同外部单位发生经济往来关系时,从外部单位取得的原始凭证。如购货时取得的发货票、付款时所取得的收据等。发货票的一般格式见表6-1、表6-2。

表 6-1

增值税专用发票

No

发 票 联

开票日期： 年 月 日

<table>
<tr><td rowspan="4">购货单位</td><td>名称：</td><td rowspan="4" colspan="3"></td><td rowspan="4">密码区</td><td rowspan="4" colspan="3"></td></tr>
<tr><td>纳税人识别号：</td></tr>
<tr><td>地址、电话：</td></tr>
<tr><td>开户银行及账户</td></tr>
<tr><td colspan="2">货物或应税劳务名称</td><td>规格型号</td><td>单位</td><td>数量</td><td>单价</td><td>金额</td><td>税率</td><td>税额</td></tr>
<tr><td colspan="2"></td><td></td><td></td><td></td><td></td><td></td><td></td><td></td></tr>
<tr><td colspan="2">价税合计(大写)</td><td colspan="7">(小写)</td></tr>
<tr><td rowspan="4">销货单位</td><td>名称：</td><td rowspan="4" colspan="3"></td><td rowspan="4">备注</td><td rowspan="4" colspan="3"></td></tr>
<tr><td>纳税人识别号：</td></tr>
<tr><td>地址、电话：</td></tr>
<tr><td>开户行及账号：</td></tr>
</table>

第二联 发票联 购货方记账凭证

收款人：××× 复核：××× 开票人：××× 销货单位：(章)

表 6-2

×××× 专用发票(04)

发 票 联

付款单位：××××

No.7694521

支票号：×××

编号	商品名称	规格	单位	数量	单价	金额
MR1—6	轴承	38—102	套	100	148	14800.00
MR1—7	机箱	40—110	套	100	152	15200.00
MR1—8	电机	XXL	台		160	8000.00
小写金额合计						¥38000.00
大写金额	人民币叁万捌仟元整					

收款单位：(盖章) 开票人：

2004 年 9 月 8 日

(二)自制原始凭证

自制原始凭证，是指由本单位内部经办经济业务的部门或人员，在办理经济业务时所填制的凭证。如商品、材料入库时，由仓库保管人员填制的入库单；商品销售时，由业务部门开出的发货单等。其一般格式见表6-3至表6-11。

表 6-3

入 库 单

字第　　号

年　　月　　日

金额单位:元

发货地点				供应单位				备注		
库名	编号	名称	单位	规格	入库			单张据数	实收	
					数量	单价	金额		数量	金额

第三联　送交财务会计

会计:　　　　保管:　　　　采购员:　　　　制单:

表 6-4

物 资 盘 点 表

库号　　区号　　货位号　　年　　月　　日

序号	电脑代号	名称	规格型号	单位	单价	账面数	实有数	盘盈数		盘亏数		盈亏原因	备注
								数量	金额	数量	金额		

部门主管:　　　　保管员:　　　　复查人:

表 6-5

限 额 领 料 单

领料部门:　　　　第　　号

年　　月　　日

用途:　　　　发料仓库:

领料编号	材料名称规格	计量单位	计划投产量	领用限额	实发		
					数量	单价	金额
日期	领用			退料			限额结余数量
	数量	领料人	发料人	数量	退料人	收料人	

生产计划部门:　　　　供销部门:

表 6-6

发 货 单

购货单位：　　　　年　　月　　日　　　　运输方式：

编号：

产品编号	产品名称	单位	数量	单价	金额	备注

销售部门负责人：　　　　发货人：　　　　提货人：　　　　制单：

表 6-7

库存商品入库单

交库单位：　　　　年　　月　　日　　　　编号：

产品名称	规格	计量单位	交付数量	入库数量	备注

检验：　　　　仓库验收：　　　　车间交件人：

表 6-8

发出材料汇总表

年　　月　　日

单位：元

应借科目 应贷科目		生产成本	制造费用	管理费用	合计
原材料					
合　计					

表 6-9

溢余、短缺处理结果报告单

年　　月　　日

材料名称	规格	计量单位	溢余数量	短缺数量	处理意见

领导签字：

表 6-10

长期待摊费用分配表

待摊费用项目	待摊金额	分摊比例	本月应摊金额	分配部门	备注
合　计					

主管：　　　　记账：　　　　复核：　　　　制表：

表 6-11 销售产品成本计算表

品种	数量	计量单位	单位成本	总成本
合　计				

除上列原始凭证外，企业实际工作中还有许多其他凭证，由于篇幅关系，在此不能一一列举。企业的自制原始凭证可以按其内容分为以下4类：

1. 一次性凭证。在自制的原始凭证中，大部分凭证的填制手续是一次完成的，已填列的凭证不能再重复使用，这类自制原始凭证称为一次性凭证。如：发货单、入库单等。

2. 累计凭证。在一些特定单位，为了连续反映某一时期内不断重复发生而分次进行的特定业务，需要在一张凭证中连续、累计填列该项特定业务的具体情况，这种凭证称为累计凭证，如限额领料单。限额领料单中标明了某种材料在规定期限内的领用额度，用料单位每次领料及退料，都要由经办人员在限额领料单上逐笔记录、签章，并结出限额结余，使用这种凭证，既可以做到对领用材料的事前控制，又可以减少凭证填制的手续。但因这种凭证要反复使用，必须严格凭证的保管制度和材料收发手续。限额领料单的一般格式参见表6-5。

3. 记账编制凭证。在企业自制的各种原始凭证中，一般都是以实际发生或完成的经济业务为依据，由经办人员填制并签章，但有些自制原始凭证，则是由会计人员根据已经入账的结果，对某些特定事项进行归类、整理而编制的，这种根据账簿记录而填制的原始凭证，称为记账编制凭证。如月末确定已销商品成本时，根据库存商品账簿记录所编制的成本计算表，其格式参见表6-11；月末计算产品生产成本时，所编制的制造费用分配表以及月末所编制的利润分配计算表等。

4. 汇总原始凭证。实际工作中，为了集中反映某项经济业务的总括情况，并简化记账凭证的填制工作，往往将一定时期内若干记录同类性质经济业务的原始凭证汇总编制成一张原始凭证，这种凭证称为汇总原始凭证。如收货汇总表、商品销货汇总表、发出材料汇总表等，其格式见表6-8。汇总原始凭证所汇总的内容，只能是同类经济业务，即将反映同类经济业务的各原始凭证汇总编制一张汇总原始凭证，不能汇总两类或两类以上的经济业务。汇总原始凭证也属于原始凭证的范畴。

三、原始凭证的填制

原始凭证需由填制人员将各项原始凭证要素按规定方法填写齐全，办妥签章手续，明确经济责任。

原始凭证的填制有三种形式：一是根据实际发生或完成的经济业务，由经办人员直接填列，如“入库单”、“出库单”等；二是根据已经入账的有关经济业务，由会计人员利用账簿资料进行加工整理填列，如各种记账编制凭证；三是根据若干张反映同类经济业务的原始凭证定期汇总填列汇总原始凭证。

原始凭证的种类不同，其具体填制方法和填制要求也不尽一致，但就原始凭证应反映经济业务、明确经济责任而言，原始凭证填制的一般要求是相同的。为了确保会计核算资料的真实、正确并及时反映，应按下列要求填制原始凭证：

注意：
原始凭证的填制要符合四项基本要求。

1. 符合实际情况。凭证填制的内容、数字等，必须根据实际情况填列，确保原始凭证所反映的经济业务真实可靠，符合实际情况。从外单位取得的原始凭证如有遗失，应取得原签发单位盖有账务章的证明，并注明原来凭证的号码、金额和内容等，经单位负责人批准后，可代作原始凭证。对于确实无法取得证明的，如火车票、轮船票、飞机票等凭证，由当事人写出详细情况，由经办单位负责人批准后，可代作原始凭证。

2. 明确经济责任。填制的原始凭证必须由经办人员和部门签章。从外单位取得的原始凭证必须盖有填制单位的账务章；从个人取得的原始凭证，必须有填制人员的签名或盖章。自制原始凭证必须有经办单位负责人或其指定人员的签名或盖章。对外开出的原始凭证，必须加盖本单位财务章。

3. 填写内容齐全。原始凭证的各项内容，必须详尽地填写齐全，不得遗漏，而且凭证填写的手续必须完备，符合内部牵制原则。凡是填有大写和小写金额的原始凭证，大写与小写金额必须相符；购买实物的原始凭证，必须有验收证明；支付款项的原始凭证，必须有收款单位和收款人的收款证明。一式几联的原始凭证，应当注明各联的用途，只能以一联作为登记账簿的依据；一式几联的发票和收据，必须套写，并连续编号，作废时应加盖“作废”戳记，连同存根一起保存，不得撕毁。发生销货退回时，除填制退货发票外，退款时，必须取得对方的收款收据或汇款银行的汇出凭证，不得以退货发票代替收据。职工公出借款收据，必须附在记账凭证上，收回借款时，应另开收据或退还借据副本，不得退还原借款收据。经有关部门批准办理的某些特殊业务，应将批准的文件作为原始凭证的附件，若批准文件需要单独归档，应在凭证上注明批准机关名称、日期和文件字号。

4. 书写格式要规范。原始凭证要用蓝色或黑色笔书写，字迹清楚、规范，填写支票必须使用碳素笔，属于需要套写的凭证，必须一次套写清楚，合计的小写金额前应加注币值符号，如“¥”、“HK$”、“US$”等。大写金额有分的，后面不加整字，其余一律在末尾加“整”字，大写金额前还应加注币值单位，注明“人民币”、“美元”、“港币”等字样，且币值单位与金额数字之间，以及各金额数字之间不得留有空隙。各种凭证不得随意涂改、刮擦、挖补，若填写错误，应采用规定的方法予以更正。对于重要的原始凭证，如支票以及各种结算凭证，一律不得涂改。对于预先印有编号的各种凭证，在填写错误后，要加盖“作废”戳记，并单独保管。

阿拉伯数字应一个一个地写，不得连笔写。阿拉伯金额数字前面应写人民币符号“¥”。人民币符号“¥”与阿拉伯金额数字之间不得留有空白。凡阿拉伯数字前写有人民币符号“¥”的，数字后面不再写“元”字。所有以元为单位的阿拉伯数字，除表示单价等情况外，一律填写到角分，无角分的，角位和分位可写“00”，或符号“—”；有角无分的，分位应写“0”，不得用符号“—”代替。

汉字大写金额数字，一律用正楷字或行书字书写，如壹、贰、叁、肆、伍、陆、柒、捌、玖、拾、佰、仟、万、亿、圆、角、分、零、整等易于辨认、不易涂改的字样。不得用一、二(两)、三、四、五、六、七、八、九、十、毛、另(或0)等字样代替,不得任意自选简化字。

阿拉伯金额数字中间有"0"时,汉字大写金额要写"零"字,如¥101.50,汉字大写金额应写成人民币壹佰零壹圆伍角整。阿拉伯金额数字中间连续有几个"0"时,汉字大写金额中可以只写一个"零"字,如¥1004.56,汉字大写金额应写成人民币壹仟零肆圆伍角陆分。阿拉伯金额数字元位是"0"或数字中间连续有几个"0",元位也是"0",但角位不是"0"时,汉字大写金额可只写一个"零"字,也可不写"零"字,如1320.56,汉字大写金额应写成人民币壹仟叁佰贰拾圆零伍角陆分,或人民币壹仟叁佰贰拾圆伍角陆分。

四、原始凭证的审核

只有经过审核无误的凭证,才能作为记账的依据,为了正确反映并监督各项经济业务,会计部门的经办人员必须严格审核各项原始凭证,以确保会计核算资料的真实、合法、准确。原始凭证的审核,主要包括以下三个方面的内容:

(一)合规性审核

根据有关的法令、制度、政策等,审核原始凭证所记录的经济业务是否合规、合法,有无违反法令、制度的行为;审核经济业务是否按规定的程序予以办理,对于弄虚作假、涂改或经济业务不合法的凭证,应拒绝受理,并报请上级有关人员处理。

(二)完整性审核

根据原始凭证的要素,逐项审核原始凭证的内容是否完整,原始凭证的各项目是否按规定填写齐全,是否按规定手续办理。若原始凭证的内容填写不全,手续不完备,应退经办人员补办完整后,才予以受理。

(三)技术性审核

根据原始凭证的填写要求,审核原始凭证的摘要和数字及其他项目是否填写正确,数量、单价、金额、合计是否填写正确,大、小写金额是否相符。若有差错,应退经办人员予以更正。

第三节 记 账 凭 证

记账凭证是指会计人员根据审核无误的原始凭证或原始凭证汇总表所确定的经济内容,应用复式记账的方法,选用一定科目确定的会计分录,是登记账簿的直接依据。记账凭证记载的是会计信息,从原始凭证到记账凭证是经济信息转换成会计信息的过程,是使会计信息系统化的第一步。

一、记账凭证的基本内容

记账凭证主要是用来将经济信息转换成会计信息,对经济业务进行分类核算的凭证。它可以根据每项经济业务编制，即根据每项经济业务的原始凭证编制，也可以根据若干项同类经济业务编制，即根据同类原始凭证汇总编制。记账凭证有多种形式，但作为确定会计分录和进行款项收付、账簿记录的依据，必须反映经济业务归类核算的项目、填制依据以及有关人员的责任，所以，记账凭证必须具有一些基本内容，具备一些基本要素，这些基本要素主要包括以下七个方面：(1) 填制凭证日期；(2) 凭证编号；(3) 经济业务内容摘要；(4) 会计科目、记账方向；(5) 记账金额；(6) 所附原始凭证张数；(7) 填制凭证人员、稽核人员、记账人员、会计主管人员的签名或盖章。收、付款的记账凭证还应由出纳人员签名或盖章。

二、记账凭证及其种类

记账凭证要根据原始凭证所反映的经济业务，按规定的会计科目和复式记账方法，编成会计分录，以确保账簿记录的准确性。这是由于原始凭证只表明经济业务的具体内容，不能反映其归类的会计科目和记账方向，不能凭以直接入账，而且原始凭证多种多样，其格式、大小也不尽一致。为了做到分类反映经济业务的内容，必须按会计核算方法的要求，将其归类、整理为能据以入账的形式，指明应记入的账户名称以及应借、应贷的金额。

记账凭证和原始凭证虽同属于会计凭证，但二者存在着以下差别：(1)原始凭证是由经办人员填制的，记账凭证一律由会计人员填制；(2)原始凭证是根据发生或完成的经济业务填制，记账凭证是根据审核后的原始凭证填制；(3)原始凭证仅用以记录、证明经济业务已经发生或完成，记账凭证则要依据会计科目对已经发生或完成的经济业务进行归类、整理；(4)原始凭证是填制记账凭证的依据，记账凭证是登记账簿的依据。记账凭证的一般格式见表6-12。

表 6-12

记 账 凭 证

20××年10月30日　　　　凭证编号 018 号

摘要	总账科目	明细科目	过账	借方金额									过账	贷方金额								
				百	十	万	千	百	十	元	角	分		百	十	万	千	百	十	元	角	分
A材料到达验收入库	原材料	A材料	✓			8	0	0	0	0	0	0										
	材料采购	A材料											✓			8	0	0	0	0	0	0
合计				¥		8	0	0	0	0	0	0			¥	8	0	0	0	0	0	0

凭单据1张

财务主管：(签章)　记账：(签章)　出纳：(签章)　审核：(签章)　制单：(签章)

这种格式具有通用性，可以记录各种经济业务。实际工作中，货币资金的管理是财会人员的一项重要工作，为了单独反映货币资金收付情况，在货币资金收付的业务量较多的单位中，往往对货币资金的收付业务编制专用的记账凭证。

（一）收款凭证、付款凭证和转账凭证

记账凭证按其反映的经济业务是否与货币资金有关，可以分为收款凭证、付款凭证和转账凭证。

1. 收款凭证。是指用以反映货币资金收入业务的记账凭证，它是根据货币资金收入业务的原始凭证填制而成的。实际工作中，出纳人员应根据会计管理人员或指定人员审核批准的收款凭证，作为记录货币资金的收入依据。出纳人员根据收款凭证收款（尤其是收入现金）时，要在凭证上加盖“收讫”戳记，以避免差错。收款凭证一般按库存现金和银行存款分别编制，其格式如表6-13、表6-14所示。

表 6-13

收 款 凭 证

出纳编号 020-1

借方科目：库存现金

20××年10月25日

凭证编号 现收21

摘要	贷方科目		金额										记账符号
	总账科目	明细科目	千	百	十	万	千	百	十	元	角	分	
报销差旅费，交回多余现金	其他应收款	张山						1	5	0	0	0	✓
合计金额							¥	1	5	0	0	0	✓

凭单据1张

会计主记账：（签章） 制单：（签章） 出纳：（签章） 交款人：（签章）

表 6-14

收 款 凭 证

出纳编号 021-2

借方科目：银行存款

20××年10月26日

凭证编号 银收13

摘要	贷方科目		金额										记账符号
	总账科目	明细科目	千	百	十	万	千	百	十	元	角	分	
收到投资款	实收资本	某投资者			4	0	0	0	0	0	0	0	✓
合计金额				¥	4	0	0	0	0	0	0	0	✓

凭单据1张

会计主记账：（签章） 制单：（签章） 稽核：（签章） 出纳：（签章） 交款人：（签章）

2. 付款凭证。付款凭证是用以反映货币资金支出业务的记账凭证，根据货币资金支出业务的原始凭证填制而成的。实际工作中，出纳人员应根据会计主管人员或指定人员审核批准的付款凭证，作为记录货币资金支出并付出货币资金的依据。出纳人员根据付款凭证付款时，要在凭证上加盖“付讫”戳记，以免重付。付款凭证一般也按库存现金和银行存款分别编制，其格式如表6–15、表6–16所示。

表 6–15 付 款 凭 证

贷方科目：库存现金

20××年10月26日

出纳编号 018–2

凭证编号 现付 09

摘　要	借方科目		金　额										记账符号
	总账科目	明细科目	千	百	十	万	千	百	十	元	角	分	
以现金偿还前欠红星工厂货款	应付账款	红星工厂						8	0	0	0	0	✓
合计金额							¥	8	0	0	0	0	✓

凭单据1张

会计主记账：（签章）　制单：（签章）　稽核：（签章）　出纳：（签章）　交款人：（签章）

表 6–16 付 款 凭 证

贷方科目：银行存款

20××年10月27日

出纳编号 016–3

凭证编号 银付 12

摘　要	借方科目		金　额										记账符号
	总账科目	明细科目	千	百	十	万	千	百	十	元	角	分	
财务科长张山预借差旅费	其他应收款	张山					2	0	0	0	0	0	✓
合计金额						¥	2	0	0	0	0	0	✓

凭单据1张

会计主记账：（签章）　制单：（签章）　稽核：（签章）　出纳：（签章）　交款人：（签章）

3. 转账凭证。转账凭证是用以反映与货币资金收付无关的转账业务的凭证，据有关转账业务的原始凭证或记账编制凭证填制而成。其格式与通用记账凭证格式相同，如表6–17所示。

收款凭证、付款凭证和转账凭证分别用以记录货币资金收入事项、货币资金支出事项和转账业务（与货币资金收支无关的业务），为便于识别，各种记账凭证一般印制成不同颜色。在会计实务中，某些经济业务既是货币资金收入业务，又是货币资金支出业务，如现金和银行存款之间的划转业务。为了避免记账重复，对于这类业务一般只编制付款凭证，不编制收款凭证。即将现金存入银行时，编制现金付款凭证；从银行存款账户提取现金时，编制银行存款付款凭证。

重要提示：

涉及现金和银行存款之间相互划转的经济业务，只填一张“付款凭证”。

表 6-17　　　　　　　　转 账 凭 证

20××年10月30日　　　　　　　　凭证编号转 038 号

摘要	总账科目	明细科目	过账	借方金额									过账	贷方金额								
				百	十	万	千	百	十	元	角	分		百	十	万	千	百	十	元	角	分
销售商品冲减振华公司预收款	预收账款	振华公司	✓			2	8	0	0	0	0	0										
	主营业务收入	产品收入											✓			2	8	0	0	0	0	0
合计					¥	2	8	0	0	0	0	0			¥	2	8	0	0	0	0	0

凭单据1张

财务主管:(签章)　记账:(签章)　出纳:(签章)　审核:(签章)　制单:(签章)

(二)复式记账凭证和单式记账凭证

记账凭证按其填制方式不同,可分为复式记账凭证和单式记账凭证。

1. 复式记账凭证。是把一项经济业务完整地填列在一张记账凭证上,即该项经济业务所涉及到的所有会计科目在一张记账凭证中集中反映。前述各种记账凭证都是复式记账凭证。

复式记账凭证可在一张记账凭证上反映一笔完整的经济业务,便于反映经济业务的全貌及会计科目间的对应关系,可减少记账凭证的数量,但采用复式记账凭证,不便于同时汇总计算每一会计科目的发生额,也不利于会计人员分工记账。

2. 单式记账凭证。即按照一项经济业务所涉及的每个会计科目单独编制记账凭证,每张记账凭证中只登记一个会计科目。单式记账凭证将一项经济业务所涉及的会计科目及其对应关系,通过借项记账凭证、贷项记账凭证予以分别反映。所以单式记账凭证又称单项记账凭证。采用单式记账凭证,便于同时汇总计算每一会计科目的发生额,也便于分工记账,但不便于反映经济业务的全貌及会计科目的对应关系,一般适用于业务量较大、会计部门内部分工较细的会计主体。单式凭证的格式见表6-18、表6-19。

会计实务中,为了简化登记总分类账的手续,可以把反映同类经济业务或多类经济业务的记账凭证汇总编制成汇总记账凭证或科目汇总表等。汇总记账凭证及科目汇总的格式和编制方法,将在"会计核算程序"一章中专门介绍。根据记账凭证所编制的汇总记账凭证、科目汇总表等,也属于记账凭证的范畴。

另外,为了简化凭证的填制手续,自制的原始凭证汇总表可用以代替记账凭证,作为记账依据。这种凭证实际上是原始凭证和记账凭证相结合的凭证,又

表 6-18

借项记账凭证

20××年10月20日　　　　凭证编号　记字 010 1/2 号

摘　　要	一级科目	明细科目	账　页	金　额
从中华工厂购入 A 材料对应一级科目:银行存款	材料采购	A 材料		70000
	合　计			70000

财务主管:(签章)　记账:(签章)　复核:(签章)　出纳:(签章)　制单:(签章)

表 6-19

贷项记账凭证

20××年10月20日　　　　凭证编号　记字 010 2/2 号

摘　　要	一级科目	明细科目	账　页	金　额
从中华工厂购入 A 材料对应一级科目:材料采购	银行存款			70000
	合　计			70000

财务主管:(签章)　记账:(签章)　复核:(签章)　出纳:(签章)　制单:(签章)

称为联合凭证。以自制原始凭证代替记账凭证时,应当在凭证格式中预先印制应借、应贷科目专栏,或在凭证上为填列应借、应贷科目预留空白。

三、记账凭证的填制

填制记账凭证,要求由会计人员将各项记账凭证要素按规定方法填写齐全,便于账簿登记。记账凭证虽有不同格式,但就记账凭证确定会计分录,便于保管和查阅会计资料来看,各种记账凭证除严格按原始凭证的填制要求填制外,还应注意以下填制要求:

1. 凭证摘要简明。记账凭证的摘要栏要用简练明确的语句概括经济业务内容的要点,这主要是为了便于查阅凭证和登记账簿。

2. 业务记录明确。在一张记账凭证上,不能把不同类型的经济业务合并填制,一张记账凭证只能反映某一项经济业务,或若干项同类经济业务。这主要是为了明确经济业务的来龙去脉和账户对应关系。所以,记账凭证可以根据每一张原始凭证填制,或者根据若干张同类原始凭证汇总填制。以自制的原始凭证或原始凭证汇总表代替记账凭证的,必须具备记账凭证应有的项目。

3. 科目运用准确。必须按规定的会计科目及其核算内容,正确编制会计分录,确保科目的准确运用。

4. 附件数量完整。记账凭证所附的原始凭证必须完整无缺,并在记账凭证上注明原始凭证的张数,以便核对摘要及所编会计分录是否准确无误。对于同一张原始凭证需填制两张记账凭证的(如采用单式记账凭证格式),应在未附原始凭证的记账凭证上注明其原始凭证在哪张记账凭证下,以便查阅。如果一张原始凭证所列支出需要几个单位共同负担的,应将其他单位负担的部分,开给对方原始凭证分割单，进行结算。对于结账和更正错账的记账凭证，可以不附原始凭证。

5. 填写内容齐全。记账凭证中的各项内容必须填写齐全，并按规定程序办理签章手续，不得简化。

6. 凭证顺序编号。记账凭证应按业务发生顺序、按不同种类的记账凭证连续编号，若一笔经济业务，需填制多张记账凭证的，可以采用按该项经济业务的记账凭证数量编列分数顺序号的方法，如$2\frac{1}{3}$、$2\frac{2}{3}$、$2\frac{3}{3}$。前面的整数为总顺序号，后面的分数为该项经济业务的分号，分母表示该项经济业务的记账凭证总张数，分子表示该项经济业务的顺序号。

例 6-1 某企业20××年10月末结转已销商品成本，其中A商品成本为3500元，B商品成本为2000元，C商品成本为1800元。假设该项经济业务的顺序号为30，则其分号表示方法如表6-20、表6-21所示。

表 6-20

转 账 凭 证

20××年 10 月 30 日

凭证编号：转 030 1/2 号

摘要	总账科目	明细科目	过账	借方金额									过账	贷方金额								
				百	十	万	千	百	十	元	角	分		百	十	万	千	百	十	元	角	分
销售 A 商品、B 商品	主营业务成本	A 商品					3	5	0	0	0	0										
		B 商品					2	0	0	0	0	0										
	库存商品	A 商品															3	5	0	0	0	0
		B 商品															2	0	0	0	0	0
合计						¥	5	5	0	0	0	0				¥	5	5	0	0	0	0

凭单据 1 张

财务主管：(签章)　记账：(签章)　出纳：(签章)　审核：(签章)　制单：(签章)

7. 空格划注销线。为了防止对凭证金额的篡改，在收款凭证、付款凭证、转账凭证的金额与合计金额之间空格处，应划上注销线。

8. 记账符号(或"过账")栏填写已记入有关的总分类账及其所属明细分类账账页页码，或用"✓"表示已经入账(或过账完毕)。

9. 有关人员要在表格下面的相应项目后签章，以明确经济责任。

若记账之前发现记账凭证有错误，应予重新编制正确的记账凭证，并将错误凭证作废或撕毁。已经登记入账的记账凭证，在当年内发现填写错误时，应用红字填写一张与原内容相同的记账凭证，在摘要栏注明"注销某月某日某号凭证"，同时再用蓝字重新填制一张正确的记账凭证，注明"订正某月某日某号凭证"。如果会计科目没有错误，只是金额错误，也可以将正确数字与错误数字之间的差额，另编一张调整的记账凭证。调增金额用蓝字，调减金额用红字。发现

表 6-21

转 账 凭 证

20××年10月30日　　　　凭证编号：转 030 2/2 号

摘要	总账科目	明细科目	过账	借方金额									过账	贷方金额								
				百	十	万	千	百	十	元	角	分		百	十	万	千	百	十	元	角	分
销售C商品	主营业务成本	C商品					1	8	0	0	0	0										
	库存商品	C商品															1	8	0	0	0	0
合计						¥	1	8	0	0	0	0				¥	1	8	0	0	0	0

凭单据1张

财务主管：(签章)　记账：(签章)　出纳：(签章)　审核：(签章)　制单：(签章)

以前年度的错误，应用规定的方法填制更正的记账凭证。

四、记账凭证的审核

记账凭证是登记账簿的直接依据，为了确保账簿记录的准确，监督款项收付，全面提供会计信息，必须严格按照要求填制记账凭证，同时要由专人对已经填制的记账凭证严格审核。只有经审核无误后的记账凭证，才能作为记账的依据。记账凭证的审核主要包括以下三项内容：

(一)合规性审核

根据现行的会计制度、会计政策及会计准则的规定，审核记账凭证所确定的会计分录是否合规、合法，这就要求审核人员必须根据记账凭证所附原始凭证的经济内容，按照会计核算方法的要求，审核会计分录的编制(主要是确定的会计科目及其金额)是否准确无误，同时审核记账凭证是否附有审核无误的原始凭证，所附原始凭证的张数及其内容是否与记账凭证一致。

(二)完整性审核

根据记账凭证的要素，逐项审核记账凭证的内容是否按规定要求填制完整无缺，各项目是否按规定填写齐全，并按规定手续办理。

(三)技术性审核

根据记账凭证的填制要求，审核记账凭证的摘要，应借、应贷会计科目及金额以及账户对应关系是否清晰、完整，核算内容是否符合会计制度和会计政策的要求。

在审核中若发现差错，应查明原因予以重填或予以更正，并由更正人员在更正处签章。

第四节　会计凭证的传递与保管

科学合理地组织会计凭证的传递,做好会计凭证的保管工作,是及时进行各项会计核算,为有关各方提供真实、准确的数据资料的保证。同时,对于强化内部会计监督机制,加强岗位责任制也具有重要意义。

一、会计凭证的传递

会计凭证的传递,是指会计凭证从编制时起到归档时止,在单位内部各有关部门及人员之间的传递程序和传递时间。为了能够利用会计凭证,及时反映各项经济业务,提供会计信息,发挥会计监督的作用,必须正确、及时地进行会计凭证的传递,不得积压。

(一)会计凭证传递的作用

正确组织会计凭证的传递,对于及时处理和登记经济业务,明确经济责任,实行会计监督,具有重要作用。从一定意义上说,会计凭证的传递起着在单位内部经营管理各环节之间协调和组织的作用。会计凭证传递程序是企业管理规章制度重要的组成部分,传递程序的科学与否,说明该企业管理的科学程度。其作用为:

1. 有利于完善经济责任制度。经济业务的发生或完成及记录,是由若干责任人共同负责、分工完成的,会计凭证作为记录经济业务、明确经济责任的书面证据,体现了经济责任制度的执行情况。单位会计制度可以通过会计凭证传递程序和传递时间的规定,进一步完善经济责任制度,使各项业务的处理顺利进行。

2. 有利于及时进行会计记录。从经济业务的发生到账簿登记有一定的时间间隔,通过会计凭证传递,可使会计部门尽早了解经济业务发生和完成情况,并通过会计部门内部的凭证传递,记录经济业务,进行会计核算,实行会计监督。

(二)会计凭证传递的组织

为了充分发挥会计的作用,必须合理组织会计凭证的传递。合理组织会计凭证的传递,是会计管理制度的重要方面,也是经济管理的重要组成部分。

各种记账凭证所记载的经济业务内容不同,涉及的部门和人员不同,办理经济业务的手续也不尽一致。组织会计凭证传递,必须遵循内部牵制原则,力求做到及时反映、记录经济业务。内部牵制原则是建立内部牵制制度的基本准则,主要是指办理经济业务的各项手续制度要相互制约、相互监督。内部牵制制度是单位内部的一种管理制度,是指单位的领导、各职能部门、基层机构及其人员之间,在处理各项经济业务时相互联系、相互制约的管理制度体系,通过其相互联系、相互制约的关系,达到控制和管理经济活动的目的。建立单位的内部牵制制度,必须结合单位内部管理的要求及特点,必须符合内部牵制的基本准则。内部牵制制度的基本准则主要包括三个方面的内容:一是各职能部门及其人员的职权和责任必须划分清楚;二是各职能部门及其人员按办理经济业务的程序,明确各自的手续制度；三是明确各职能部门及其人员之间的相互联系。内部牵制制度特别强调相互制约的关系，要求在处理各项经济业务时，应由多人负责，共同完成，并相互制约，防止一人包办，尤其要钱、物、账分管，同时建立复核查对制度。组织会计凭证的传递，还必须根据办理经济业务手续所需的时间，规定会计凭证在各环节的停留时间，保证经济业务及时记录。

各单位在制定会计凭证的传递程序，规定其传递时间，通常要考虑以下两点内容，以合理地组织会计凭证传递。

1. 根据各单位经济业务的特点、企业内部机构组织、人员分工情况，以及经营管理的需要，从完善内部牵制制度的角度出发，规定各种会计凭证的联次及其流程，使经办业务的部门及其人员及时办理各种凭证手续，既符合内部牵制原则，又提高工作效率。

2. 根据有关部门和人员办理经济业务的必要时间，同相关的部门和人员协商制定会计凭证在各经办环节的停留时间，以便合理确定办理经济业务的最佳时间，及时反映、记录经济业务的发生和完成情况。

在会计凭证传递过程中，若遇有不合理的环节，应根据实际情况及时加以修改，确保会计凭证传递程序的合理化、制度化和传递时间的节约。

如制造企业的入库单，首先是由仓库的有关人员在材料验收入库时填制一式若干联，其中一联仓库留作原始凭证，登记仓库材料保管的账簿；一联由仓库传递到有关业务部门，如采购部门，使采购部门了解到该项采购业务所购进的材料已经入库，以便于其掌握库存材料的动向；一联由仓库传递到会计部门，使会计部门从价值方面掌握库存材料。会计部门据此记录材料的增加，进行会计核算。入库单还可以按其他途径传递。不论按何种途径传递，都应该保证它经过必要的环节，在每一环节停留必要的时间。

请思考：
合理组织会计凭证的传递通常要考虑哪两方面内容？

二、会计凭证的保管

会计凭证是企业、行政事业单位经济活动的见证和重要的历史资料，作为会计档案的重要组成部分，必须妥善加以保护和管理。每个经手会计凭证的人员都有责任保管好手中的各项资料、单据，保持其完整、齐全。当期完成会计凭证的各项工作后，会计人员应将各种会计凭证加以汇总、整理，按记账凭证的编号顺序，连同所附的原始凭证或原始凭证汇总表，折叠一致，排列整齐，并加具封面、封底，装订成册，在装订线上加盖封签。记账凭证封面应注明单位名称、凭证种类、凭证编号的顺序号码以及有关经办人员的签章。记账凭证的封面如表6–22所示，记账凭证封底如表6–23所示。

如果原始凭证数量过多，不便一起装订的，可以不附在记账凭证后面，单独抽出来，装订成册保管。在装订成册的封面上注明记账凭证的日期、种类、编号，同时在记账凭证的封底注明“附件另订”以及原始凭证的编号。

各种经济合同、存出保证金收据以及涉外文件等重要原始凭证，应当另编目录，单独登记保管，并在有关的记账凭证和原始凭证上相互注明日期和编号。

会计凭证装订、存档后，要指定专人按照管理规定进行分类、存档保管。如需调档、借阅，须经主管人员同意，方可调借。对于已存档的会计凭证，任何单位和个人不得随意毁损、涂改。

会计凭证的保管期限和销毁手续，必须严格执行国家会计法规和财经纪律。

相关链接：

会计档案管理办法规定：会计凭证类保管期限为15年。

表 6-22

月 日 起止第 册	记账凭证封面	
	日期	年 月份
	册数	本月共 册 本册是第 册
	张数	本册自第 号至第 号共 张
	附记	

表 6-23 抽出附件登记表

抽出日期			原始凭证号码	抽出附件的详细名称	抽出理由	抽取人签章	会计主管签章	备注
年	月	日						

自我检测

本章的学习已全部完成，请检验以下学习目标你是否达到了：

- 明确原始凭证和记账凭证的区别以及它们之间的联系；
- 了解记账凭证的类型；
- 掌握取得和填制原始凭证的原因及其作用；
- 理解和掌握记账凭证编制原因；
- 了解会计凭证的传递与保管。

第七章 会计账簿

第一节 账簿的概念和种类

一、账簿的概念

会计账簿是由具有一定格式、相互联结的账页所组成，以会计凭证为依据，根据会计科目设置，用以全面、连续、系统地记录各种经济业务的簿籍。

每个企事业单位发生的经济业务都必须取得、填制并审核原始凭证，对经济业务的详细内容加以记录，以反映和监督各项经济业务的完成情况。但会计凭证数量多且分散，每张会计凭证只能说明个别经济业务的内容，而不能全面地、连续地、系统地、综合地反映企事业单位在一定时期内某类或全部资金运动变化情况。因此，通过账簿，把会计凭证提供的多且分散的会计资料加以归类整理、分类，综合地反映会计信息，才能满足管理的要求。

二、账簿的种类

(一)账簿按用途分类

账簿按其用途分为序时账簿、分类账簿和备查账簿三类。

1. 序时账簿。序时账簿亦称日记账，它是按照经济业务发生的时间先后顺序，逐日逐笔登记的账簿。按其记录的经济内容不同又分为普通日记账和特种日记账两种。

普通日记账是指用来登记全部经济业务发生情况的日记账。它将每天发生的全部经济业务，按照经济业务发生的先后顺序，编制记账凭证，根据记账凭证逐笔登记到普通日记账中。如企业设置的日记总账就是普通日记账。

请思考：
开出支票登记簿属于什么性质的账户？

特种日记账是指用来记录某一类经济业务发生情况的日记账。将某一类经济业务，按其发生的先后顺序记入账簿中，反映某一特定项目的详细情况。如企业为了对现金和银行存款加强管理，设置现金日记账和银行存款日记账，来记录现金和银行存款的收、付业务。

普通日记账的设置与否，企业应根据自身的特点和管理的要求而定；而企业从加强货币资金的核算和管理的角度出发都要设置“现金日记账”和“银行存款日记账”两个特种日记账。

2. 分类账簿。是按照总分类账户和明细分类账户分类登记经济业务的账簿。分类账簿可以分为总分类账簿和明细分类账簿两种。按照总分类账户开设的账簿，称为总分类账簿，用来核算经济业务总括内容；按照明细分类账户开设的账簿，称为明细分类账簿，用来核算经济业务明细内容。某个总分类账簿的金额与其所属的明细分类账簿的金额之和相等。

3. 备查账簿是指对一些不能在序时账簿和分类账簿中记载的经济业务事项进行补充登记的账簿。该种账簿可以对一些经济业务的内容提供必要的参考资料，如“租入固定资产登记簿”、“商业汇票登记簿”等。

（二）账簿按外表形式分类

账簿按其外表形式不同可分为订本式账簿、活页式账簿和卡片式账簿。

1. 订本式账簿。订本式账簿是把账页按页码先后顺序装订成册的账簿。这种账簿，页数固定，不能增减抽换。这样既防止账页散失，又可防止抽账换页。但使用起来不灵活，不便于分工记账和提高工作效率。订本式账簿适用于重要经济事项的记录，如现金日记账、银行存款日记账和总分类账等。

2. 活页式账簿。活页式账簿是指由若干零散的、具有专门格式的账页组成的账簿。这种账簿可根据实际需要确定账页，账页可随时增减，同时有利于分工记账，提高工作效率。账簿的空白账页，在使用时须连续编号，并装置在账夹中保管使用，同时要有有关人员的签章，以防散失。使用完毕，不登记时，将其装订成册，以便保管。

3. 卡片式账簿。卡片式账簿是指由印有专门格式的卡片组成的账簿。卡片不固定在一起，数量可根据经济业务增减。如材料卡片、固定资产卡片等。使用完毕，不再登账时，则将卡片穿孔固定保管。

账簿的分类如图7–1所示。

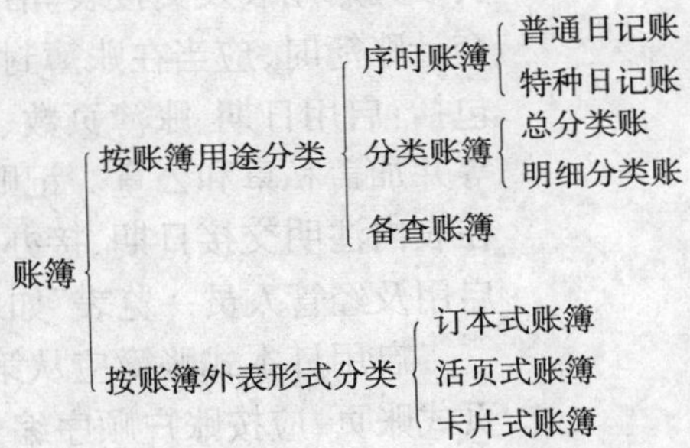

图7–1 账簿的分类

第二节 账簿的基本内容和登记规则

一、账簿的基本内容

1. 封面。封面上一般写明记账单位的名称和账簿的名称。

2. 扉页。主要包括两个内容：一是经管账簿人员一览表，如表 7–1 所示；二是账户目录，即科目索引。设置账户目录主要是便于查阅账簿中登记的内容。

3. 账页。账页的格式因反映经济业务的内容的不同而存在差异，但基本内容包括：(1)账户的名称，包括总账科目、明细科目；(2)登账日期栏；(3)凭证种类、号数栏；(4)摘要栏；(5)金额栏；(6)总页次和分户页次。

二、会计账簿的启用和登记规则

（一）账簿的选用

各企业应从本单位实际情况出发，综合考虑账簿的用途、形式和账页，合理地进行选择。从账簿的形式来看，现金日记账和银行存款日记账、总分类账应选用订本式账簿，各种明细账，一般应选用活页式账簿，个别明细账可以采用卡片式账簿。

从账页的格式来看，现金日记账、银行存款日记账、总分类账和一部分只进行金额核算的明细账，选用三栏式账页。对既要进行金额核算，又要进行数量核算的有关财产物资的明细账，应采用数量金额式账页。对于有关收入、费用（成本）详细记录的明细分类账，根据需要可采用多栏式账页。

（二）账簿的启用

为了保证账簿记录的合法性，明确记账责任，每本账簿启用时，应在账簿扉页填列启用表及交接表（活页式账簿和卡片式账簿应在装订成册后填列）。启用会计账簿时，应当在账簿封面上写明单位名称和账簿名称。账簿扉页上的内容包括：启用日期、账簿页数、账簿编号、账簿册数、记账人员和会计主管人员姓名等并加盖私章和公章。记账人员、会计主管人员调动工作时，应办理交接手续，在表内注明交接日期、接办人员和监交人员姓名，并由双方签字或盖章。“账簿启用及经管人员一览表”如表7-1所示。

启用订本式账簿应从第一页起连续编定页数，中间不得跳页缺页。启用活页式账页，应按账户顺序编号。

表7-1 账簿启用及经管人员一览表

<table>
<tr><td colspan="3">单位名称</td><td colspan="4"></td><td colspan="6" rowspan="5">公 章</td></tr>
<tr><td colspan="3">账簿名称</td><td colspan="4"></td></tr>
<tr><td colspan="3">账簿编号</td><td colspan="4"></td></tr>
<tr><td colspan="3">账簿页数</td><td colspan="4">本账簿共 页</td></tr>
<tr><td colspan="3">启用日期</td><td colspan="4">年 月 日</td></tr>
<tr><td rowspan="6">经管人员</td><td colspan="2">负 责 人</td><td colspan="3">会 计 主 管</td><td colspan="3">复 核</td><td colspan="4">记 账</td></tr>
<tr><td>姓名</td><td>签章</td><td colspan="2">姓名</td><td>签章</td><td colspan="2">姓名</td><td>签章</td><td colspan="2">姓名</td><td colspan="2">签章</td></tr>
<tr><td></td><td></td><td colspan="2"></td><td></td><td colspan="2"></td><td></td><td colspan="2"></td><td colspan="2"></td></tr>
<tr><td></td><td></td><td colspan="2"></td><td></td><td colspan="2"></td><td></td><td colspan="2"></td><td colspan="2"></td></tr>
<tr><td></td><td></td><td colspan="2"></td><td></td><td colspan="2"></td><td></td><td colspan="2"></td><td colspan="2"></td></tr>
<tr><td></td><td></td><td colspan="2"></td><td></td><td colspan="2"></td><td></td><td colspan="2"></td><td colspan="2"></td></tr>
<tr><td rowspan="4">交接记录</td><td colspan="2">经管人员</td><td colspan="4">接 管</td><td colspan="4">移 交</td><td colspan="2" rowspan="4">备注</td></tr>
<tr><td>姓名</td><td>性别</td><td>年</td><td>月</td><td>日</td><td>签章</td><td>年</td><td>月</td><td>日</td><td>签章</td></tr>
<tr><td></td><td></td><td></td><td></td><td></td><td></td><td></td><td></td><td></td><td></td></tr>
<tr><td></td><td></td><td></td><td></td><td></td><td></td><td></td><td></td><td></td><td></td></tr>
</table>

(三)账簿登记的规则

登记账簿时,一般应遵循以下原则:

1. 必须根据经过审核无误的会计凭证为依据登记账簿。为了保证账簿记录的客观正确,必须根据审核无误的会计凭证为依据。登记时应当将会计凭证的日期、凭证字号、经济业务摘要和金额逐项记入账簿内。

2. 必须使用蓝黑墨水的钢笔书写,不许用铅笔或圆珠笔记账。国家规定各种账簿归档保管年限一般都在10年以上,有些关系到重要经济资料的账簿则要长期保管,因此,要求账簿记录保持清晰、耐久,以便长期查核使用,防止涂改。红色墨水通常用于更正错账、冲账,以及用于在不设借贷、收付的多栏式账簿中登记减少以及账簿余额前没有印有余额方向出现负数时使用。

3. 必须按顺序逐页、逐行登记。记账时应按账户页次顺序逐页登记,不得跳行、隔页。如果发生跳行、隔页时,应在空行和空页处用红色墨水划对角线注销,并注明"此行空白"或"此页空白"字样,并由记账人员签章证明。

4. 登记账簿时,每一笔账都要写明日期、凭证号数、摘要和金额。登账后,要在记账凭证上注明所记账簿的页数,或划"√",表示已经登记入账,避免重记和漏记。

5. 文字和数字书写必须工整、规范。记账要保持清晰、整洁,记账文字和数字都要端正、清楚,不得潦草。严禁刮擦、挖补、涂改或用药水消除字迹。文字和数字都应紧靠行格底线书写,只占格距的1/2,留有余地,以便更正错误时书写正确的文字和数字。

6. 凡需结出余额的账户,在结出余额后,应在"借或贷"栏内写明"借"或"贷"字样。没有余额的账户,应在余额栏内写"平"字样,或者在余额栏划线"—"表示。现金日记账、银行存款日记账必须逐日结出余额。

7. 每账页记完时,应作转页处理。每账页登记完毕结转下页时,要在该账页的最末一行加计发生额合计数和结出余额,并在该行的"摘要栏"注明"过次页"字样;然后,再把这个发生额合计数和余额结转到下一页的第一行内,并在"摘要栏"内注明"承前页"字样,以保证账簿记录的连续性。

8. 订本式的账簿,都编有账页的顺序号,不得任意撕毁。活页式账簿也不得随便抽换账页。

第三节 账簿的设置与登记方法

一、设置账簿的原则

账簿的设置,首先要考虑财政部门统一制度的规定。其次要根据企业的规模大小、业务繁简、会计人员的多少和业务素质高低,从加强管理的实际需要和具体条件出发。一般来说,设置账簿应遵循下列几项基本原则:

1. 必须根据国家有关会计制度的规定,结合单位的经营规模和业务特点,全面地反映经济活动情况，满足经营管理的需要。

2. 必须做到总分类账和明细分类账相结合、程序科学合理、金额相互衔接、内容配合严密。

3. 必须有利于财会部门内部的分工，便于会计人员记账、算账和报账，提高工作效率。

二、序时账的设置与登记方法

序时账又称日记账，它是每日按照业务发生的时间先后顺序登记的，包括现金日记账、银行存款日记账和日记总账等。通常各单位只对现金和银行存款的收付设置现金日记账和银行存款日记账，以序时地反映现金和银行存款的收入、支出和结存情况。

（一）现金日记账的设置与登记方法

提示：
通常企业只对现金和银行存款的收付设置序时账。

现金日记账采用订本账形式，为每一张账页顺序编号，以防止账页散失和随意抽换，同时便于查阅。它通常由出纳员根据审核后的现金收款凭证、付款凭证和银行付款凭证，逐日逐笔按经济业务发生的先后顺序进行登记。其格式有三栏式和多栏式。格式不同，其登记的方法也有一定的差异。

1. 三栏式现金日记账及其登记方法：三栏式现金日记账主要设有“借方”、“贷方”和“余额”三栏。为了清楚地反映现金收付业务的账户对应关系，在“摘要”和“借方”栏之间设置“对应科目”栏。其格式如表7–2所示。

下面举例说明三栏式日记账的登记方法。

例 7–1 A企业现金日记账期初余额为300元。1月1日发生如下现金收、付业务：

（1）1日，以现金80元支付采购材料运杂费。

（2）1日，开出现金支票提取现金30000元备发工资。

（3）1日，王明预借差旅费200元，以现金付讫。

（4）1日，张扬报销差旅费450元，退回现金50元。

根据上述经济业务，编制记账凭证（以会计分录代替）如下：

（1）现金付款凭证1号：

借：原材料　　80

　　贷：现金　　80

（2）银行存款付款凭证1号：

借：现金　　30000

　　贷：银行存款　　30000

（3）现金付款凭证2号：

借：其他应收款——王明　　200

　　贷：现金　　200

（4）转账凭证1号：

借：管理费用　　450

　　贷：其他应收款——张扬　　450

现金收款凭证1号：

借：现金　　　　　　　　　　　　　　　　　　　50

　贷：其他应收款——张扬　　　　　　　　　　　　50

根据以上记账凭证（会计分录）登记三栏式现金日记账，如表7–2所示。

表7–2　　　　　　**现金日记账**

20××年		凭证		摘要	对方科目	借方	贷方	余额
月	日	种类	编号					
1	1			上年结余				300
	1	现付	1	付购材料运费	原材料		80	220
	1	银付	1	提现备发工资	银行存款	30000		30220
	1	现付	2	王明预借差旅费	其他应收款		200	30020
	1	现收	1	张扬报差旅费	其他应收款	50		30070
				本日合计		30050	280	30070
				……	……	……	……	……
	31			本日合计		460	300	540
				本月合计		72680	12080	60900
				……				

现金日记账各栏目的登记方法如下：

（1）日期栏：指现金实际收付的日期；

（2）凭证栏：指入账的收付款凭证的种类，如"现金收（付）款凭证"，简写为"现收（付）"；"银行存款收（付）款凭证"，简写为"银收（付）"。对于从银行提取现金的收入数，根据银行存款付款凭证登记现金日记账。凭证栏还应登记凭证的编号数，以便于查账和核对；

（3）摘要栏：摘要说明入账的经济业务的内容。文字要简练，但要能说明问题；

（4）对方科目栏：指现金收入的来源科目或支出的用途科目。如从银行提取现金，其来源科目（即对应科目）为"银行存款"。其用途在于了解经济业务的来龙去脉；

（5）借方、贷方栏：指现金实际收付的金额。每日终了，应分别计算现金收入和付出的合计数，结出余额，同时将余额与出纳员的库存现金核对，即通常说的"日清"。如账存与实存金额不符应查明原因，并记录备案。月终同样要计算现金收、付和结存的合计数，通常称为"月结"。

2. 多栏式现金日记账及其登记方法：多栏式现金日记账是指分别按现金收入和支出的对应科目设若干专栏，以详细反映现金收入来源和支出去向的账簿。其具体格式如表7–3所示。

表 7-3　　多栏式现金日记账　　第×页

20××年		凭证		摘 要	贷方科目		收入项目合计	借方科目			支出现金合计	余额
月	日	字	号		银行存款	其他业务收入		银行存款	应付职工薪酬	管理费用		
				过总账号码		第×页	第×页		第×页	第×页	第×页	第×页

多栏式现金日记账是在三栏式日记账基础上发展建立起来的。现金支出按应借科目分设专栏，现金收入按应贷科目设专栏，各有关专栏的合计数就是登记总账的依据。这种账簿由于现金对应科目较多，账页会很大，给登账工作带来一定困难。因此，又可以将多栏式现金日记账分为现金收入日记账和现金支出日记账。其格式如表7-4所示。现金支出日记账的形成与现金收入日记账相同，只是“应贷科目”改为“应借科目”。

表7-4　　现金收入日记账　　第×页

年		凭证		摘 要	应贷科目		现金收入合计	现金支出合计	结余
月	日	字	号						

多栏式日记账的登记方法，其基本原理与三栏式一样，区别在于现金收入和现金支出分别反映在两本账上。会计期末，将现金收入日记账中“现金收入合计”转入现金支出日记账，同时，将现金支出日记账中“现金支出合计”转入现金收入日记账，并结出余额。

（二）银行存款日记账的设置和登记方法

银行存款日记账采用订本账形式，并为每一张账页顺序编号，以防止账页散失和随意抽换，同时便于查阅。它通常由出纳员根据审核后的银行存款收、付款凭证和现金付款凭证，逐日逐笔按经济业务发生的先后顺序进行登记的账簿。其格式也有三栏式和多栏式。

1.三栏式银行存款日记账及其登记方法。三栏式银行存款日记账主要设有“借方”、“贷方”和“余额”三栏。其格式如表7-5所示。

表 7-5　　银行存款日记账　　第×页

××年		凭证		摘要	结算凭证		借方	贷方	余额
月	日	种类	编号		种类	编号			
1	1			上年结余					300000
	1	银付	1	付购材料货款	转支	0542		80000	220000
	2	银付	2	提现备发工资	现支	7561		30000	190000
	3	银收	1	销售收入	进账	2356	70000		260000
	5	现付	2	现金存入银行	进账	2357	5000		265000
				…	…		…	…	…
	31			本月合计			750000	600000	450000

银行存款日记账的登记方法与现金日记账的登记方法和要求基本相同。对于现金存入银行的收入数，应根据现金付款凭证进行登记。每日终了和月终要进行“日清月结”工作，并与银行的对账单进行核对，编出“银行存款余额调节表”。

2. 多栏式银行存款日记账及其登记方法。多栏式银行存款日记账分别按照银行存款收入和支出的对应科目设若干专栏，以详细反映银行存款的收入来源和支出去向。其格式如表7-6所示。

多栏式银行存款日记账的登记方法：逐日逐笔将银行存款收款凭证中“银行存款”科目的对应科目及金额登记在日记账中“贷方科目”相应栏目内，将银行存款付款凭证中“银行存款”科目的对应科目及金额登记在日记账中“借方科目”相应栏目内，登记完毕后，计算出银行存款的收入合计和支出合计，并结出余额。期末，可根据日记账中栏目会计科目的合计数，登记相应的总分类账。

多栏式银行存款日记账也可以分别设置多栏式银行存款收入日记账和多栏式银行存款支出日记账。其格式可参照多栏式现金收入日记账和现金支出日记账的格式。

三、分类账的设置及其登记方法

（一）总分类账设置及其登记方法

总分类账是根据一级科目设置，连续地记录和反映资金增减变动情况的账簿。总分类账总括全面地反映企业和事业经济活动的情况，它只提供金额指标，是编制会计报表的依据。一切企业、事业单位都要设置总分类账。通常采用三栏

表 7–6

多栏式银行存款日记账

第×页

××年		凭证		摘要	贷方科目				银行存款收入合计	借方科目								银行存款支出合计	余额
月	日	字	号		主营业务收入	应收账款	现金	其他业务收入		在途物资	现金	应付账款	应交税费	其他应交款	管理费用	销售费用	……		
1	1			期初余额															300000
	1	银付	1	付购材料货款						80000								80000	220000
	2	银付	2	提现备发工资							30000							30000	190000
	3	银收	1	销售产品	70000				70000										260000
	5	现付	1	现金存入银行			5000		5000										265000
				…															
	31			本月合计	200000	30000	20000	100000	620000	12000	8000	50000	25000	46000	56000	90000		600000	320000
				过入总账页码	第50页	第10页	第2页	第55页	第5页	第20页	第3页	第25页	第40页	第25页	第60页	第70页		第5页	第5页

式（“借方”、“贷方”、“余额”）订本账簿，其格式如表7–7所示。

表7–7　　　　　　　　　　　　**总 分 类 账**

会计科目：短期借款　　　　　　　　　　　　　　　　　　　　　　第　页

××年		凭证		摘要	借方	贷方	借或贷	余额
月	日	字	号					
1	1			上年结余			贷	120000
	5		11	归还借款	50000		贷	70000
	15		31	银行借款		100000	贷	170000
				…				…
	31			本月合计	100000	150000	贷	150000

在实际工作中，根据需要可在借贷栏内增设“对方科目”栏，以反映经济业务的来龙去脉。其格式如表 7–8 所示。

表7–8　　　　　　　　　　　　**总 分 类 账**

会计科目：

年		凭证		摘要	借方		贷方		借或贷	余额
月	日	字	号		金额	对方科目	金额	对方科目		

（二）明细分类账的设置及其登记方法

明细分类账是根据实际需要，分别按照二级科目或明细科目开设的账簿。明细分类账是对总分类账的补充，它能反映经济活动的详细情况，提供较全面的资料，以满足经济管理工作的需要。

明细分类账的账页格式有“金额三栏式”、“金额多栏式”和“数量金额式”等，分别反映不同总分类账的详细情况。

1. 金额三栏式明细分类账的登记方法。金额三栏式明细分类账格式设有借方、贷方和余额三个栏目。这种格式通常适用于只需要反映金额，不需要提供数量变化情况的账户，如“应收账款”、“其他应收款”、“预付账款”、“预收账款”、“其他应付款”、“应付账款”等等。金额三栏式明细分类账簿多为活页式账簿。其格式与表7–7相同。

金额三栏式明细分类账的登记方法：根据有关记账凭证及其所附的原始凭证逐笔进行借方和贷方的金额登记，然后结出余额。如果余额在借方，在“借或贷”栏填写“借”字；如果余额在贷方，在“借或贷”栏填写“贷”字。

2. 数量金额式明细分类账的登记方法。数量金额式明细分类账格式是在收入、发出、结存栏内设数量、单价和金额小栏。它主要用来反映财产物资的数量和金额。它适用于既要核算金额又要核算数量的财产物资，如材料、库存商品等。其格式如表7-9所示。

表7-9

原材料明细分类账

类　　别：圆钢　　计量单位：千克

名称或规格：30mm　　存放地点：2号仓库

编　　号：112112　　储存定额：4000千克

××年		凭证		摘要	收入			发出			结存		
月	日	字	号		数量	单价	金额	数量	单价	金额	数量	单价	金额
9	1			期初余额							100	8	800
	10	转	10	入库	300	8	2400				400	8	3200
	15	转	23	发出				250	8	2000	150	8	1200

想一想：
管理费用明细账为什么要用多栏式？

数量金额式明细分类账的登记方法：根据财产物资的收入、发出的原始凭证或原始凭证汇总表内容登记"收入栏"、"发出栏"。如原材料明细账的收入栏是根据"收料单"登记的，发出栏是根据"发料单"登记的。登记材料收入、材料发出后计算出结余栏的数量、单价和金额。

3. 多栏式明细分类账。多栏式明细分类账是根据经济业务的特点和经营管理的需要，在账页上设置若干专栏，集中反映某明细账户核算资料的账簿。这种账簿一般适用于登记明细项目多、借贷方向单一的经济业务，如在途材料、基本生产、制造费用、管理费用、财务费用、营业外支出等账户的核算。其格式如表7-10、表7-11所示。

表 7-10

多栏式明细分类账

产品名称：　　生产成本明细账　　第　页

年		凭证		摘要	借方（成本项目）				余额
月	日	字	号		直接材料	直接人工	制造费用	合计	

表 7-11　　多栏式明细分类账

管理费用明细账　　第　页

年		凭证		摘要	工资	福利费	物料消耗	…	…	…	合计
月	日	字	号								

主营业务收入和营业外收入等科目所属明细分类账户一般采用贷方多栏的明细账。其格式如表7-12所示。

表 7-12　　营业外收入明细账　　第　页

年		凭证		摘要	贷方(项目)				余额
月	日	字	号		罚款收入	非常损失	…	合计	

本年利润、利润分配和应交税费——应交增值税等账户所属明细账户则需采用借、贷方均多栏的明细账。其格式如表7-13所示。

表 7-13　　本年利润明细账　　第　页

年		凭证		摘要	借方(项目)				贷方(项目)				余额
月	日	字	号		主营业务成本	销售费用	…	合计	主营业务收入	其他业务收入	…	合计	

各种明细账的登记方法，应根据本单位业务量的大小和经营管理上的需要，以及所记录的经济业务内容而定。可以根据原始凭证、汇总原始凭证或记账凭证逐笔登记，也可以根据这些凭证逐日或定期汇总登记。

四、辅助账的设置与登记方法

辅助账簿，属于临时登记用以备查性质，所以也称辅助登记簿，没有规范的统一格式，根据企业实际需要确定其内容、格式与登记方法。

五、更正错账的方法

在记账过程中，如果账簿记录错误，如账户名称记错、借贷方向记错、串户以及重记、漏记、多记、少记等，不得任意用刮擦、挖补、涂改或用退色药水等方法去更正，必须根据错误的具体情况，采用相应的方法予以更正。更正错账的方法一般有以下三种：

（一）划线更正法

在结账之前，如果发现账簿记录有文字或数字上错误，而记账凭证没有错误，应采用划线更正法更正。划线更正法具体做法是：在错误的数字或文字上划一条红线予以注销；然后将正确的文字或数字填写在被注销的文字或数字上方，并由更正人员在更正处盖章，以明确责任。但不得只划线更正其中个别数字，应整个划销。对已划销的数字，应当保持原有字迹仍可辨认，以备查核。例如：把5130.00元误记为5730.00元时，应将错误数字用红线居中全部注销，然后在错误数字的上方写上正确的数字，即5130.00，而不能只删改一个“7”字。

（二）红字更正法

红字更正法又称红字冲销法，一般适用于下列两种情况：

想一想：
只有凭证写错还未登账，也一定要用划线或红字更正法吗？

1. 记账以后（主要是指结账以后），发现记账凭证中应借应贷符号、科目或金额有错误时，可采用红字更正法更正。更正时应用红字填写一张与原有科目、借贷方向和金额相同的记账凭证，以冲销原来的记录；然后用蓝字重新填制一张正确记账凭证，并登记入账。

例 7-2 某企业购进原材料1000元，材料已验收入库，货款尚未支付。编制记账凭证时，误作下列会计分录，并已登记入账。

（1）借：原材料　　100

　　贷：应收账款　　100

当发现错误记账后，先照原会计分录用红字填制一张记账凭证冲销原会计分录：

（2）借：原材料　　100

　　贷：应收账款　　100

同时再用蓝字填制一张正确的记账凭证，其会计分录为：

（3）借：原材料　　1000

　　贷：应付账款　　1000

以上有关账户更正记录如图7-2所示。

红字更正法

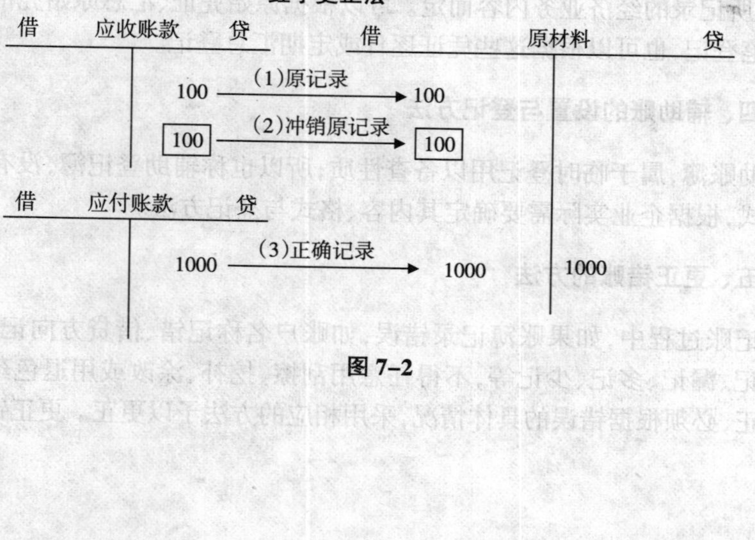

图 7-2

2. 在记账以后，如发现记账凭证和账簿记录的金额有多记错误，而原记账凭证中应借、应贷会计科目并无错误。记账错误表现为:所记金额大于应记金额。这时可采用红字更正法，将多记的金额(即正确数与错误数之间的差数)用红字填写一张记账凭证，用以冲销多记金额，并据以登记入账。

例 7-3 某企业以银行存款归还购料欠款1000元。误编如下会计分录，并已登记入账。

(1)借:应付账款　　10000

　　贷:银行存款　　10000

发现错误后，应将多记的金额用红字作如下会计分录:

(2)借:应付账款　　[9000]

　　贷:银行存款　　[9000]

以上账户更正记录如图7-3所示。

红字更正法

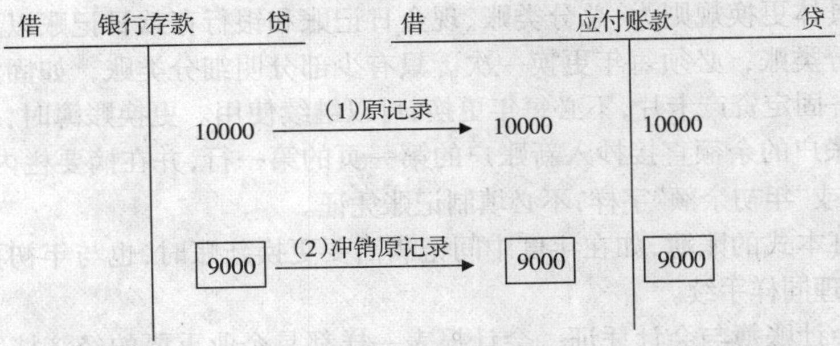

图 7-3

红字更正法不仅能保持账户之间的对应关系，而且还能保持账户中的正确发生额，不致于因改正错账而使数字虚增或虚减。

(三)补充登记法

记账以后，如果发现记账凭证上应借、应贷的会计科目并无错误，但所填金额小于应填金额，可采用补充登记法更正，即再填一张补充少记金额的记账凭证，并将其补记入账。

例 7-4 某企业销售产品一批，计2万元，货款尚未收到，金额误记为2000元，即记账凭证少记1.8万元。原分录是(不考虑增值税):

(1)借:应收账款　　2000

　　贷:主营业务收入　　2000

当发现上述错账时，可将少记的18000元再编制一张记账凭证如下:

(2)借:应收账款　　18000

　　贷:主要业务收入　　18000

上列会计分录入账后，有关账户记录如图7-4所示。

特别提示:
凡是涉及银行存款的错账，为了便于银企对账，不允许采用红字差额冲正法和补充登记法。如本年发现上年的错账，应采用蓝字反方更正法。

补充登记法

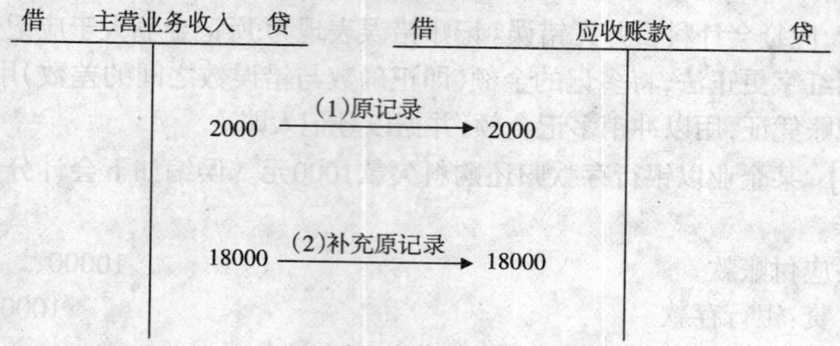

图 7-4

六、账簿的更换与保管

为了保持会计账簿资料的连续性、系统性和完整性，在每一会计年度终了，新的会计年度开始时，应按照会计制度的规定进行各类账簿的更换。

具体更换规则为：总分类账、现金日记账和银行存款日记账以及大部分的明细分类账，必须每年更换一次。只有少部分明细分类账，如固定资产明细账——固定资产卡片，不必每年更换，可以继续使用。更换账簿时，一般只需要将各账户的余额直接抄入新账户的第一页的第一行，并在摘要栏内注明“上年结转”或“年初余额”字样，不必填制记账凭证。

订本式的账簿，如在年度中间记满需要更换新账时，也与年初更换新账一样，办理同样手续。

会计账簿与会计凭证、会计报表一样都是企业重要的经济档案和历史资料，必须按照国家规定的“会计档案管理办法”妥善保管，不得丢失或任意销毁。

活页账簿，年末结账后，应在首页前加放“账簿启用及经管人员一览表”装订成册，而后加上封面并统一编号，与各种订本式账簿一并归档。

第四节 对账和结账

一、对账

对账，即核对账目，是把账簿上记载的资料进行账证核对、账账核对、账实核对，以保证账证相符、账账相符和账实相符，如实反映和监督经济活动。

(一)对账的主要内容

对账包括账证核对、账账核对、账实核对。对账不仅可以及时纠正差错，为企业提供正确、可靠的数据资料，还可及时地揭露营私舞弊和违法乱纪事件，保护企业财产的安全与完整。

1. 账证核对。是将各种账簿记录与记账凭证及其所附的原始凭证进行核对。这种核对除在日常制证、记账过程中进行外，每月终了时，如果发现账账不符时，须溯本追源，进行账簿与会计凭证的检查核对，以确保账证相符。

具体核对方法包括：账簿中记录是否为记账凭证中所列示的会计科目；记账凭证中所列示的经济业务内容、记账方向、金额、凭证编号等是否与账簿记录一致等。

2. 账账核对。是指对各种账簿之间的有关数字进行核对。它主要包括:总分类账各账户本月借方发生额合计数与贷方发生额合计数是否相等；总分类账各账户余额与其所属有关明细分类账各账户余额合计数是否相等；现金日记账和银行存款日记账的余额与现金和银行存款总分类账账户余额是否相符；会计部门有关财产物资的明细分类余额，与财产物资保管或使用部门的登记簿所记录的余额是否相符。企业应该按月或定期相互核对，保证相符。

通过以上的核对，达到账账相符。具体可以通过编制"总分类账户本期发生额及余额试算平衡表"(格式见账务处理核算程序一章)检查核对总分类账的借贷余额是否相符；通过编制"明细分类账户本期发生额及余额表"(格式见账务处理核算程序一章)并与总账进行核对，可以检查总账与所属明细账余额合计是否相符。

3. 账实核对。是指各种财产物资的账面余额与实存数额相核对。具体内容包括:现金日记账账面余额与现金实际库存数相核对；银行存款日记账账面余额与开户银行账目相核对；各种财产物资明细分类账账面余额与财产物资实存数相核对；各种债权、债务明细分类账账面余额与对方单位相应的债权、债务的账目相核对。在实际会计核算工作中，账实核对一般是通过财产清查进行的。财产清查是会计核算的一种专门方法，其具体方法与内容将在后面章节专门加以介绍。

(二)查找错账的基本方法

如果记账发生错误会造成总账借贷双方不平衡、总账与所属的明细分类账金额不平衡。因此，应首先复核试算平衡表，检查表中各账户的期初、期末余额及本期借、贷方发生额与账簿中相应账户的期初、期末余额及借、贷方发生额是否相符，表中金额方向与账户中方向是否一致。这样，可以发现试算表中有无记错账户、重记、漏记等情况。其次，复核"明细分类账户本期发生额及余额表"，检查其编制的正确性。以上复核工作完毕后，如果试算表借、贷仍不平衡，总账金额与所属明细账金额仍不相等，则说明记账本身有差错，可以采用以下方法进行查找：

注意：
查找错账的基本方法是：顺查法、逆查法、余额复核法、二除法和九除法。

1. 顺查法。指按会计核算程序，从会计凭证到账簿，按先后顺序进行查错。顺查内容包括:检查记账凭证与所附原始凭证内容是否相符，金额是否正确；将记账凭证与有关总账、日记账、明细账逐笔核对，以发现错误所在。顺查法通常在全面检查时采用。

2. 逆查法。指与会计核算程序相反，从账簿到凭证，逆向查找的方法。逆查的内容包括:检查各账户余额计算是否正确；将总分类账与明细分类账进行核对，检查平行登记是否正确；逐笔核对账簿记录是否与记账凭证相符；逐项核对记账凭证与所附原始凭证是否相符，记账凭证中会计分录是否正确。逆查法通常在一般检查时采用。

3. 余额复核法。指查找总账余额计算是否正确的方法。余额复核法内容包括：逐笔计算各账户余额是否正确，特别应注意上下页余额过账有无错误；检查分析某些账户的余额有无不正常现象，从中找出问题；检查总账与所属明细账余额是否一致。余额复核法通常在总账不平、总账余额与分类账余额不符时采用。

4. 二除法。指将差额数除以2以查找错账的方法。在记账时，如果某账户的金额记错了方向，如应记入借方的金额记入了贷方；或应记入贷方的金额记入了借方，则必然会出现一方合计数增多，而另一方合计数减少的情况，其差额应是记错方向金额数字的两倍，且差错数必为偶数，那么，以该差额数除以2，结果即为记错的数字。然后在账簿中查找与之相同的数字，而不必逐笔查找，这样，很容易找出错账所在。例如，某账户贷方总额超过借方总额12000元，用12000除以2得出6000元，则在该账户中查找是否有一笔金额为6000元的记录，错将借方金额登记在贷方了。凡差数为偶数的，先可以采用二除法查找。

5. 九除法。即将差数除以9来检查错账的方法。记账时，如果出现数字移位情况，如把十位数记成百位数，或把千位数记成百位数，那么，正确数与移位数之差可被九除尽，以此为线索，查找记账错误。如移一位，则会使原数扩大或缩小9倍，则除以9；如移二位，原数便扩大或缩小99倍，则除以99，以此类推。如：

（1）小数记成大数的移位，如将100误记为1000，差数为900，除9得100，则100应为正确数。

（2）大数记成小数的移位，如将5400误记为54，差数为5346，除以99得54，则54为错记数。

在实际查账工作中，如怀疑某数为移位数，应首先判断是扩大移位还是缩小移位，若为扩大移位，则将其差数除以9或99等，那么商数可能为正确数；若为缩小移位，则将其差数除以9或99等，那么商数可能为错误数。

二、结账

提示：

企业因撤销、合并而办理账务交接时，也需要办理结账。

结账，指按照规定把一定时期（月份、季度、年度）内所发生的经济业务登记入账，并将各种账簿结算清楚，以便进一步根据账簿记录编制会计报表的工作。另外，企业因撤销、合并而办理账务交接时，也需要办理结账。通过结账可以反映一定时期内经济业务发生所引起资金增减变动情况及其结果，并为编制会计报表提供资料。结账工作主要包括以下内容：

1. 将本期内所发生的经济业务全部记入有关账簿，既不能提前结账，也不能将本期发生的业务延至下期登账。

2. 对于期末需要转账的业务应按照权责发生制原则调整和结转有关账项。本期内所有的转账业务，都应编制记账凭证记入有关账簿，以调整账簿记录。具体包括：生产成本的计算结转、损益的计算结转、年末利润的清算以及待摊预提费用的结转等。

3. 结账时应计算出各账户的期末余额，本期发生额的结转应视实际情况而定。在本期全部经济业务登记入账的基础上，应当结算现金日记账、银行存款日记账，以及总分类账和各明细分类账各账户的本期发生额和期末余额，并结转下期。

结账工作通常是为了总结一定时期内经济活动的变化情况和结果。因此，月、季、年度终了，一般应结出月份、季度和年度发生额，在摘要栏注明“本月合计”或“本季合计”或“本年合计”字样；在月结、季结数字上端和下端均画单红线，以示区别。但结转的数字本身，不得以红字书写；发生额只有一笔的账户，可以不予结总。年终结账时为求得各账户借方、贷方平衡起见，应将各账户上年结转的借方（或贷方）金额，按照原来相同的方向，填列在全年发生额合计数下一行的借方（或贷方）栏内；并在摘要栏内注明“上年结转”字样，同时将本年余款按相反方向填列在全年发生额合计下一行（借方余额应填列贷方栏），并在摘要栏内注明“结转下年”字样。然后分别借方和贷方加总填列在一行，并在摘要栏内注明“合计”字样（借方、贷方金额应相符），最后在合计数下端划两道红线，表示借方、贷方平衡和年度记录结束。现以“现金”账户为例加以说明，结果如表7-14所示。

表7-14

总 分 类 账

账户：现金

第×页

年		凭证号数	摘要	借方	贷方	借或贷	余额
月	日						
1	1		上年结转				300
1	5				150		150
			……	……			
1	31		一月份合计	2350	2210		440
			……	……			
			……	……			
3	25			340	160		560
3	31		三月份合计	3050	2980		640
3	31		一季度合计	14580	14670		640
			……	……			
			……	……			
			2000年度发生额合计	567800	567500		600
			上年余额	300			
			结转下年		300		
			合计	568100	567800	平	

自我检测

本章的学习已全部完成，请检验以下学习目标你是否达到了：

- 正确说明什么是账簿以及账簿的用途；
- 掌握账簿按用途和外表形式的分类；
- 了解现金日记账和银行存款日记账的格式；
- 掌握总分类账应采用的格式、外表形式及登记方法；
- 说明明细分类账格式的种类及适用范围；
- 掌握登记账簿的八项基本规则；
- 明确对账的含义及对账的基本内容；
- 理解结账含义并会进行结账；
- 掌握错账的更正方法及其适用场合。

第八章　会计核算程序

第一节　会计核算程序概述

一、会计核算程序的意义

前几章我们已学会了如何根据原始凭证编制记账凭证、根据收付凭证登记现金日记账和银行存款日记账，以及如何登记总账和编制会计报表。各步骤之间联系紧密，以一定形式结合，构成一个体系，决定了各种会计核算程序。所谓会计核算程序又称账务处理程序，它是指会计人员采用的会计凭证、会计账簿、会计报表的种类、格式与记账程序有机结合的方法和步骤。

会计核算程序是根据经济业务的繁简和多寡可以由会计人员来选择如何登记总账的方法。它关系到特定单位的会计工作质量、会计核算的工作效率，因此设计会计核算程序应结合单位会计实际认真做出抉择。一般来说，设计会计核算程序的原则应符合如下几个基本原则：

提示：
会计核算程序又称账务处理程序。其设计应遵循高质量、高效率、低成本的原则。

1. 从实际出发，立足高质量。在设计会计核算程序时对会计主体的规模、经济业务繁简、经济活动性质、特色以及会计人员多少等因素综合考虑，做到保证会计工作质量，尽量满足会计资料使用者对会计信息的要求，有利于经营管理者做出决策。

2. 结合会计工作岗位设置，有利于会计质量考核。选择会计核算程序，应考虑业务量的多少、会计工作岗位设置、会计人员的安排，一味执着于核算程序的选择，而不顾现有会计岗位和会计人员的多少，将会造成人浮于事或劳力分配不匀，促使工作效率的下降。也不能只着眼于现有会计人员的多少而忽视了岗位的设立，这样不利于会计事业和会计人员的分工和合作。

3. 尽可能降低会计核算成本。会计核算程序的选择直接影响到会计核算成本的高低，复杂的会计核算程序，成本相对较高，因此在实际工作中应在满足会计核算需要、保证其质量、提高会计核算效率的前提下，力求精简核算手续，节约核算时间，降低核算成本。

综上所述，会计主体应在保证质量、体现效率、降低成本的原则下选择好会计核算程序。

二、会计核算程序的种类

会计核算程序有多种，常用的有以下几种：

1. 记账凭证核算程序。

2. 科目汇总表核算程序。

3. 其他核算程序。(1)汇总记账凭证核算程序；(2)多栏式日记账核算程序；(3)会计电算化核算程序。

上述各种会计核算程序中记账凭证核算程序是最基本的程序，其他各种会计核算程序都是在此基础上演变而来的，因此，它们既有共同特点，又有各自的特点，其共同点可通过图8–1表示。

图8–1

第二节 记账凭证核算程序

一、记账凭证核算程序的概念

记账凭证核算程序是直接根据各种记账凭证逐步登记总分类账，并定期编制会计报表的一种账务组织程序，它是所有会计核算程序中最基本的一种组织程序，也是其他各种核算程序的基础。

记账凭证核算程序的基本步骤如下：

1. 根据原始凭证或原始凭证汇总表编制记账凭证。记账凭证一般采用收款凭证、付款凭证和转账凭证的格式，也可以采用通用格式；

2. 根据收、付款凭证登记现金和银行存款日记账，现金和银行存款日记账一般采用收、付、余三栏式的日记账；

3. 根据原始凭证、原始凭证汇总表和各种记账凭证登记各种明细账。明细账可根据各单位实际情况选用；

4. 根据记账凭证逐笔登记总分类账，总分类账按小企业会计制度规定的总账科目设置，其格式一般采用借、贷、余三栏式；

5. 月末，将现金日记账、银行存款日记账和各明细分类账的余额与总分类账的有关账户余额核对相符；

6. 月末，根据总分类账和明细分类账资料编制会计报表，上述步骤如图8–2所示。

想一想：

业务繁多的小企业用记账凭证核算形式为什么不妥?

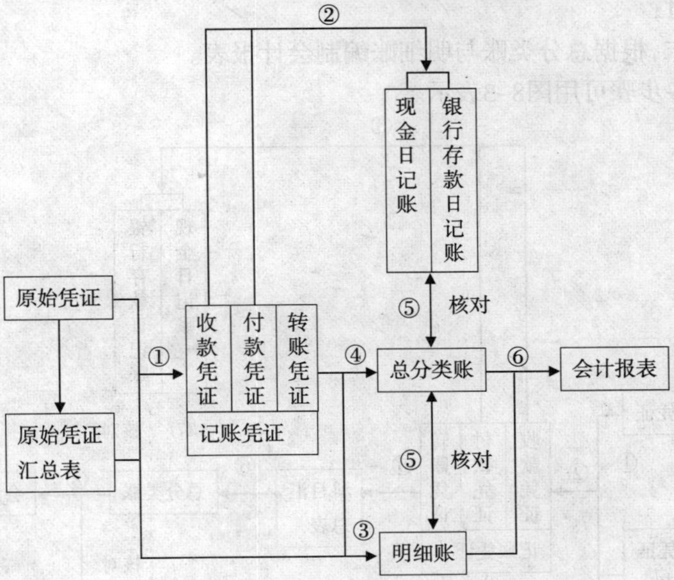

图 8–2

试一试：了解记账凭证核算的程序，记住并默写一遍图8–2。

二、记账凭证核算程序的特点与适用范围

记账凭证核算程序的特点是根据记账凭证直接登记总账，简洁明了，容易为人们理解和掌握。但是，当企事业单位会计业务量较大时，逐笔登记总分类账，会增加登记总账的工作量。因此，这种会计核算程序只能适用于一些规模小、会计业务量小、凭证不多的单位。

第三节　科目汇总表核算程序

一、科目汇总表核算程序的概念

科目汇总表核算程序是定期（例如，5天、10天或15天）将所有记账凭证汇总并按科目编制成汇总表，再根据科目汇总表登记总分类账的核算程序。

科目汇总表核算程序的工作步骤如下：

1. 根据原始凭证、原始凭证汇总表填制记账凭证；

2. 根据收款凭证、付款凭证，登记现金日记账和银行存款日记账；

3. 根据原始凭证、原始凭证汇总表和各种记账凭证登记各种明细账；

4. 根据记账凭证，将一定日期（5天、10天、15天或30天）的全部记账凭证按照同一科目归类，定期分别汇总每一个会计科目借、贷方的本期发生额，填写在科目汇总表的相关栏内；

5. 根据科目汇总表登记总分类账；

6. 月末将现金日记账、银行存款日记账、各明细账的金额与总账的有关账

户余额核对；

7. 月末，根据总分类账与明细账编制会计报表。

上述各步骤可用图8-3表示。

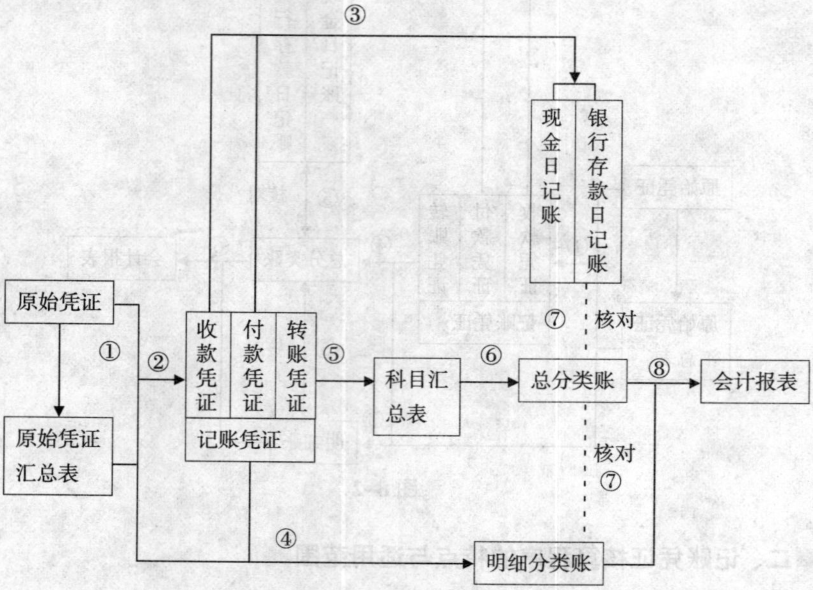

图 8-3

想一想：

科目汇总表核算形式根据什么登记总账？与记账凭证核算形式有何区别？

二、科目汇总表会计核算程序的特点与适用范围

科目汇总表会计核算程序的特点是根据科目汇总表登记总账，比记账凭证会计核算程序减少了登记总分类账的工作量，相对来说，手续也比较简便，另外科目汇总表的试算平衡起到了初步核对的作用。但是科目汇总表只能反映科目的对应关系及经济业务的来龙去脉，不便于分析、检查经济活动情况，不便于详细核对账目。这种会计核算程序适用于业务量较多的单位。

三、科目汇总表核算程序举例

【资料1】 伟业公司20××年1月1日有关账户余额如表8-1所示。

表8-1

账户名称	借方余额	账户名称	贷方余额
库存现金	1000	应付账款	51500
银行存款	205000	短期借款	200000
应收账款	135000	实收资本	500000
其他应收款	14500	盈余公积	160000
原材料	56000	利润分配	40000
库存商品	70000	累计折旧	130000
长期投资	200000		
固定资产	400000		
合　计	1081500	合　计	1081500

【资料2】 20××年1月份伟业机械公司发生下列经济业务（为说明问题方便起见，本例不考虑增值税）：

（1）1日，向华东材料供应站购入材料价值10万元，以银行存款支付一半货款，其余货款结欠；

（2）1日，到银行提取现金5000元备用；

（3）2日，办公室张主任出差，暂借差旅费2000元，财务科当即以现金付讫；

（4）2日，以现金支付1日向华东材料供应站购入材料的运杂费800元；

（5）3日，材料经验收入库，结转其采购成本；

（6）4日，从银行提取现金105000元，其中100400元备发放工资，4600元充作备用金；

（7）5日，以现金100400元发放职工工资；

（8）6日，以银行存款支付罚款支出950元；

（9）7日，领用材料12.6万元，其中生产A产品用9万元，生产B产品用2.6万元，车间修理用6000元，工厂行政管理部门用4000元；

（10）9日，以银行存款支付1日购入材料的部分货款2万元；

（11）11日，售给通惠厂A产品100件，每价2000元，货款计20万元存入银行；

（12）12日，以银行存款25000元支付本月产品推销费用；

（13）15日，售给良工厂B产品50件，每件1200元，货款计6万元尚未收到；

（14）18日，以银行存款支付本月销售产品包装费900元；

（15）28日，以银行存款支付本月电费8000元；

（16）29日，分配本月应付供电公司电费8000元，其中A产品4000元，B产品3000元，厂部用1000元；

（17）29日，分配结转本月职工工资100400元，其中A产品生产工人工资4万元，B产品工人工资3.5万元，车间管理人员工资15400元，厂部1万元；

（18）30日，计提本月固定资产折旧2.5万元，其中车间2万元，厂部5000元；

（19）31日，预提本月应负担的短期借款利息900元（200000×5.4%÷12）；

（20）31日，摊销生产车间负担的财产保险费1500元，厂部负担的财产保险费500元；

（21）31日，根据A、B产品生产工时比例分配本月发生的制造费用（A产品耗用4000小时，B产品6000小时）；

（22）31日，本月投产的A产品200件和B产品100件全部完工，结转其生产成本；

（23）31日，按销售收入的5%结算本月应交消费税；

（24）31日，结转本月销售A产品200件的生产成本151160元，销售B产品50件的生产成本44870元；结转本月销售收入26万元；

（25）31日，将各支出账户结转“本年利润”账户；

（26）31日，按规定计算应交所得税（税率25%）并结转本年利润；

（27）31日，结转未分配利润并按税后利润的10%提取盈余公积；

（28）31日，净利润按投资比例计算应付给投资者利润1500元；

【要求】采用科目汇总表核算程序进行会计核算。

核算步骤：

(1)上述原始凭证或原始凭证汇总表(略)。

(2)根据原始凭证编制收款、付款和转账凭证。

按发生的经济业务(1)编制转账凭证和付款凭证,见表8-2和表8-3。

表8-2 转 账 凭 证

20××年1月1日 转字01号

摘 要	总账科目	明细科目	借方金额	贷方金额
华东材料供应站购材料	在途物资	材料	50000	
	应付账款	华东材料供应站		50000
合 计			50000	50000

财务主管:王英 复核:王英 记账:李霞 制单:李霞

表8-3 付 款 凭 证

贷方科目:银行存款 20××年1月1日 银付字01号

摘 要	借方科目		金 额
	一级科目	二级科目	
付华东材料供应站材料款	在途物资	材料	50000
合 计			50000

财务主管:王英 复核:王英 记账:李霞 出纳:黄海 制单:李霞

按发生的经济业务(2)编制付款凭证,见表8-4。

表8-4 付 款 凭 证

贷方科目:银行存款 20××年1月1日 银付字02号

摘 要	借方科目		金 额
	一级科目	二级科目	
提取备用金	库存现金		5000
合 计			5000

财务主管:王英 复核:王英 记账:李霞 出纳:黄海 制单:李霞

按发生的经济业务(3)编制付款凭证,见表8-5。

表8-5 付 款 凭 证

贷方科目:库存现金 20××年1月2日 现付字01号

摘 要	借方科目		金 额
	一级科目	二级科目	
张主任借差旅费	其他应收款	张主任	2000
合 计			2000

财务主管:王英 复核:王英 记账:李霞 出纳:黄海 制单:李霞

按发生的经济业务(4)编制付款凭证,见表8-6。

表8-6 付 款 凭 证

贷方科目:库存现金 20××年1月2日 现付字02号

摘 要	借方科目		金 额
	一级科目	二级科目	
华东供应站运杂费	在途物资		800
合 计			800

财务主管:王英 复核:王英 记账:李霞 出纳:黄海 制单:李霞

按发生的经济业务(5)编制转账凭证,见表8-7。

表8-7 转 账 凭 证

20××年1月3日 转字02号

摘 要	总账科目	明细科目	借方金额	贷方金额
材料验收入库	原材料	材料	100800	
	在途物资	材料		100800
合 计			100800	100800

财务主管:王英 复核:王英 记账:李霞 制单:李霞

按发生的经济业务(6)编制付款凭证,见表8–8。

表8–8

付 款 凭 证

贷方科目:银行存款　　20××年1月4日　　银付字03号

摘　要	借 方 科 目		金 额
	一级科目	二级科目	
提取发放工资款	现金		105000
合　计			105000

财务主管:王英　复核:王英　记账:李霞　出纳:黄海　制单:李霞

按发生的经济业务(7)编制付款凭证,见表8–9。

表8–9

付 款 凭 证

贷方科目:库存现金　　20××年1月5日　　现付字03号

摘　要	借 方 科 目		金 额
	一级科目	二级科目	
发放工资	应付职工薪酬		100400
合　计			100400

财务主管:王英　复核:王英　记账:李霞　出纳:黄海　制单:李霞

按发生的经济业务(8)编制付款凭证,见表8–10。

表8–10

付 款 凭 证

贷方科目:银行存款　　20××年1月6日　　银付字04号

摘　要	借 方 科 目		金 额
	一级科目	二级科目	
支付罚款支出	营业外支出		1000
合　计			1000

财务主管:王英　复核:王英　记账:李霞　出纳:黄海　制单:李霞

按发生的经济业务(9)编制转账凭证,见表8-11。

表8-11

转 账 凭 证

20××年1月7日　　转字03号

摘　要	总账科目	明细科目	借方金额	贷方金额
领用原材料	生产成本	基本生产成本(A)	90000	
	生产成本	基本生产成本(B)	26000	
	制造费用		6000	
	管理费用		4000	
	材料			126000
合　计			126000	126000

财务主管:王英　复核:王英　记账:李霞　制单:李霞

按发生的经济业务(10)编制付款凭证,见表8-12。

表8-12

付 款 凭 证

贷方科目:银行存款　20××年1月9日　银付字05号

摘　要	借方科目		金　额
	一级科目	二级科目	
支付华东供应站物资款	应付账款		20000
合　计			20000

财务主管:王英　复核:王英　记账:李霞　出纳:黄海　制单:李霞

按发生的经济业务(11)编制收款凭证,见表8-13。

表8-13

收 款 凭 证

借方科目:银行存款　20××年1月11日　银收字01号

摘　要	借方科目		金　额
	一级科目	二级科目	
收到通惠厂A产品货款	主营业务收入		200000
合　计			200000

财务主管:王英　复核:王英　记账:李霞　出纳:黄海　制单:李霞

按发生的经济业务(12)编制付款凭证,见表8–14。

表8–14

付 款 凭 证

贷方科目:银行存款　　20××年1月12日　　银付字06号

摘　要	借方科目		金额
	一级科目	二级科目	
支付产品推销费用	营业费用		25000
合　计			25000

财务主管:王英　　复核:王英　　记账:李霞　　出纳:黄海　　制单:李霞

按发生的经济业务(13)编制转账凭证,见表8–15。

表8–15

转 账 凭 证

20××年1月15日　　转字04号

摘　要	总账科目	明细科目	借方金额	贷方金额
销售工厂B产品	应收账款		60000	
	主营业务收入			60000
合　计			60000	60000

财务主管:王英　　复核:王英　　记账:李霞　　制单:李霞

按发生的经济业务(14)编制付款凭证,见表8–16。

表8–16

付 款 凭 证

贷方科目:银行存款　　20××年1月18日　　银付字07号

摘　要	借方科目		金额
	一级科目	二级科目	
支付产品包装费	营业费用		900
合　计			900

财务主管:王英　　复核:王英　　记账:李霞　　出纳:黄海　　制单:李霞

按发生的经济业务(15)编制付款凭证，见表8-17。

表8-17

付 款 凭 证

贷方科目：银行存款　　20××年1月28日　　银付字08号

摘　要	借 方 科 目		金 额
	一级科目	二级科目	
支付本月电费	应付账款		8000
合　计			8000

财务主管：王英　复核：王英　记账：李霞　出纳：黄海　制单：李霞

按发生的经济业务(16)编制转账凭证，见表8-18。

表8-18

转 账 凭 证

20××年1月29日　　转字05号

摘　要	总账科目	明细科目	借方金额	贷方金额
分配本月电费	生产成本	基本生产成本(A)	4000	
	生产成本	基本生产成本(B)	3000	
	管理费用		1000	
	应付账款			8000
合　计			8000	8000

财务主管：王英　复核：王英　记账：李霞　制单：李霞

按发生的经济业务(17)编制转账凭证，见表8-19。

表8-19

转 账 凭 证

20××年1月29日　　转字06号

摘　要	总账科目	明细科目	借方金额	贷方金额
分配工资	生产成本	基本生产成本(A)	40000	
	生产成本	基本生产成本(B)	35000	
	制造费用		15400	
	管理费用		10000	
	应付工资			100400
合　计			100400	100400

财务主管：王英　复核：王英　记账：李霞　制单：李霞

按发生的经济业务(18)编制转账凭证，见表8-20。

表8-20

转 账 凭 证

20××年1月30日　　转字07号

摘　要	总账科目	明细科目	借方金额	贷方金额
计提固定资产折旧	制造费用		20000	
	管理费用		5000	
	累计折旧			25000
合　计			25000	25000

财务主管：王英　复核：王英　记账：李霞　制单：李霞

按发生的经济业务(19)编制转账凭证，见表8-21。

表8-21

转 账 凭 证

20××年1月31日　　转字08号

摘　要	总账科目	明细科目	借方金额	贷方金额
预提短期借款利息	财务费用		900	
	预提费用			900
合　计			900	900

财务主管：王英　复核：王英　记账：李霞　制单：李霞

按发生的经济业务(20)编制转账凭证，见表8-22。

表8-22

转 账 凭 证

20××年1月31日　　转字09号

摘　要	总账科目	明细科目	借方金额	贷方金额
摊销保险费用	制造费用		1500	
	管理费用		500	
	其他应收款			2000
合　计			2000	2000

财务主管：王英　复核：王英　记账：李霞　制单：李霞

按发生的经济业务(21)编制转账凭证,见表8-23。

表8-23

转 账 凭 证

20××年1月31日 转字10号

摘　要	总账科目	明细科目	借方金额	贷方金额
结转分配制造费用	生产成本	基本生产成本(A)	17160	
	生产成本	基本生产成本(B)	25740	
	制造费用			42900
合　计			42900	42900

财务主管:王英　复核:王英　记账:李霞　制单:李霞

按发生的经济业务(22)编制转账凭证,见表8-24。

表8-24

转 账 凭 证

20××年1月31日 转字11号

摘　要	总账科目	明细科目	借方金额	贷方金额
结转生产成本	库存商品	A产品	151160	
	库存商品	B产品	89740	
	生产成本	基本生产成本(A)		151160
	生产成本	基本生产成本(B)		89740
合　计			240900	240900

财务主管:王英　复核:王英　记账:李霞　制单:李霞

按发生的经济业务(23)编制转账凭证,见表8-25。

表8-25

转 账 凭 证

20××年1月31日 转字12号

摘　要	总账科目	明细科目	借方金额	贷方金额
结转消费税	营业税金及附加		13000	
	应交税费	消费税		13000
合　计			13000	13000

财务主管:王英　复核:王英　记账:李霞　制单:李霞

按发生的经济业务(24)编制转账凭证,见表8-26、表8-27。

表8-26

转 账 凭 证

20××年1月31日

转字13号

摘 要	总账科目	明细科目	借方金额	贷方金额
结转销售商品成本	主营业务成本		196030	
	库存商品	A产品		151160
	库存商品	B产品		44870
合 计			196030	196030

财务主管:王英　　复核:王英　　记账:李霞　　制单:李霞

表8-27

转 账 凭 证

20××年1月31日

转字14号

摘 要	总账科目	明细科目	借方金额	贷方金额
结转收入	主营业务收入		260000	
	本年利润			260000
合 计			260000	260000

财务主管:王英　　复核:王英　　记账:李霞　　制单:李霞

按所发生的经济业务(25)编制转账凭证,见表8-28。

表8-28

转 账 凭 证

20××年1月31日

转字15号

摘 要	总账科目	明细科目	借方金额	贷方金额
结转成本费用	本年利润		257280	
	主营业务成本			196030
	营业税金及附加			13000
	管理费用			20500
	财务费用			900
	营业费用			25900
	营业外支出			950
合 计			257280	257280

财务主管:王英　　复核:王英　　记账:李霞　　制单:李霞

按所发生的经济业务(26)编制转账凭证,见表8-29、表8-30。

表8-29

转 账 凭 证

20××年1月31日

转字16号

摘 要	总账科目	明细科目	借方金额	贷方金额
计算所得税	所得税		680	
	应交税费	所得税		680
合 计			680	680

财务主管:王英　复核:王英　记账:李霞　制单:李霞

表8-30

转 账 凭 证

20××年1月31日

转字17号

摘 要	总账科目	明细科目	借方金额	贷方金额
结转所得税	本年利润		680	
	所得税			680
合 计			680	680

财务主管:王英　复核:王英　记账:李霞　制单:李霞

按发生的经济业务(27)编制转账凭证,见表8-31、表8-32。

表8-31

转 账 凭 证

20××年1月31日

转字18号

摘 要	总账科目	明细科目	借方金额	贷方金额
结转未分配利润	本年利润		2040	
	利润分配	未分配利润		2040
合 计			2040	2040

财务主管:王英　复核:王英　记账:李霞　制单:李霞

表8-32

转 账 凭 证

20××年1月31日

转字19号

摘 要	总账科目	明细科目	借方金额	贷方金额
计提盈余公积	利润分配	提取盈余公积	204	
	盈余公积			204
合 计			204	204

财务主管:王英　复核:王英　记账:李霞　制单:李霞

按发生的经济业务(28)编制转账凭证,见表8-33。

表8-33

转 账 凭 证

20××年1月31日

转字20号

摘　要	总账科目	明细科目	借方金额	贷方金额
分配利润	利润分配	应付利润	1500	
	应付利润			1500
合　计			1500	1500

财务主管:王英　　复核:王英　　记账:李霞　　制单:李霞

(3)根据收款、付款凭证登记现金、银行存款日记账,见表8-34、表8-35。

表8-34

现 金 日 记 账

20××年		凭证		摘　要	对应科目	借　方	贷　方	余　额
月	日	字	号					
1	1			上年结转				1000
	1	银付	02	提取备用金	银行存款	5000		6000
	2	现付	01	张主任借差旅费	其他应收款		2000	4000
	3	现付	02	支付华东供应站运费	在途物资		800	3200
	4	银付	03	提取发放工资款	银行存款	105000		108200
	5	现付	03	现金发放工资	应付工资		100400	7800
	6							
				本月合计		110000	103200	7800

表8-35

银行存款日记账

20××年		凭证		摘　要	对应科目	借　方	贷　方	余　额
月	日	字	号					
1	1			上年结转				205000
	1	银付	01	付华东货款	在途物资		50000	155000
	1	银付	02	提取备用金	库存现金		5000	150000
	4	银付	03	提发放工资款	库存现金		105000	45000
	6	银付	04	支付罚款支出	营业外支出		950	44050
	9	银付	05	付华东材料欠款	应付账款		20000	24050
	11	银收	01	收到通惠厂货款	主营业务收入	200000		224050
	12	银付	06	付产品推销费用	营业费用		25000	199050
	18	银付	07	付产品包装费	营业费用		900	198150
	28	银付	08	付本月电费	应付账款		8000	190150
				本月合计		200000	214850	190150

(4)根据收、付、转凭证编制科目汇总表。见表8-36。

表8-36 科目汇总表

20××年1月 科汇字01号

科目名称	1—10日发生额		11—20日发生额		21—31日发生额		本月合计	
	借 方	贷 方	借 方	贷 方	借 方	贷 方	借 方	贷 方
库存现金	110000	103200					110000	103200
银行存款		180950	200000	25900		8000	200000	214850
应收账款			60000				60000	
其他应收款	2000					2000	2000	2000
在途物资	100800	100800					100800	100800
原材料	100800	126000					100800	126000
库存商品					240900	196030	240900	196030
应付账款	20000	50000			8000	8000	28000	58000
盈余公积						204		204
利润分配					1704	2040	1704	2040
累计折旧						25000		25000
应付工资	100400					100400	100400	100400
生产成本	116000				124900	240900	240900	240900
制造费用	6000				36900	42900	42900	42900
管理费用	4000				16500	20500	20500	20500
主营业务收入				260000	260000		260000	260000
营业外支出	950					950	950	950
销售费用			25900			25900	25900	25900
财务费用					900	900	900	900
应付利息						900		900
应交税金						13680		13680
营业税金及附加					13000	13000	13000	13000
主营业务成本					196030	196030	196030	196030
本年利润					260000	260000	260000	260000
所得税					680	680	680	680
应付利润						1500		1500
合计	560950	560950	285900	285900	1159514	1159514	2006364	2006364

(5)根据原始凭证及原始凭证汇总表或记账凭证登记明细账。为说明问题方便起见,本例只列举"生产成本"明细账的登记。见表8-37、表8-38。

表8-37 生产成本明细账

A产品

20××年		凭证		摘要	借方				转出
月	日	字	号		直接材料	直接人工	制造费用	合计	
1	7	转	03	领用原材料	90000			90000	
	29	转	05	电费			4000	4000	
	29	转	06	工资		40000		40000	
	31	转	10	分配制造费用			17160	17160	
	31			本月合计	90000	40000	21160	151160	151160
	31			本月完工	90000	40000	21160		151160
				期末余额	0	0	0	0	0

表8-38 生产成本明细账

B产品

20××年		凭证		摘要	借方				转出
月	日	字	号		直接材料	直接人工	制造费用	合计	
1	7	转	03	领用原材料	26000			26000	
	29	转	05	电费			3000	3000	
	29	转	06	工资		35000		35000	
	31	转	10	分配制造费用			25740	25740	
	31			本月合计	26000	35000	28740	89740	89740
	31			完工转出	26000	35000	28740		89740
				期末余额	0	0	0	0	0

(6)根据科目汇总表登记总分类账，见表8-39至表8-68。

表8-39 总分类账

会计科目：库存现金

20××		凭证		摘要	借方	贷方	借或贷	余额
月	日	字	号					
1	1			期初余额			借	1000
1	10	科汇		1—10日发生额	110000	103200	借	7800
1	31			本月合计	110000	103200	借	7800

表8-40

总 分 类 账

会计科目：银行存款

20××年		凭证		摘要	借方	贷方	借或贷	余额
月	日	字	号					
1	1			期初余额			借	205000
1	10	科汇		1—10日发生额		180950	借	24050
1	20	科汇		11—20日发生额	200000	25900	借	198150
1	31	科汇		21—31日发生额		8000	借	190150
1	31			本月合计	200000	214850	借	190150

表8-41

总 分 类 账

会计科目：应收账款

20××年		凭证		摘要	借方	贷方	借或贷	余额
月	日	字	号					
1	1			期初余额			借	135000
1	20	科汇		11—20日发生额	60000		借	195000
1	31			本月合计	60000		借	195000

表8-42

总 分 类 账

会计科目：其他应收款

20××年		凭证		摘要	借方	贷方	借或贷	余额
月	日	字	号					
1	1			期初余额			借	14500
1	10	科汇		1—10日发生额	2000		借	16500
				20—31日发生额		2000	借	14500
1	31			本月合计	2000	2000	借	14500

表8-43

总 分 类 账

会计科目：在途物资

20××年		凭证		摘要	借方	贷方	借或贷	余额
月	日	字	号					
1	10	科汇		1—10日发生额	100800	100800	平	0
1	31			本月合计	100800	100800	平	0

表8-44 **总 分 类 账**

会计科目:原材料

20××年		凭证		摘要	借方	贷方	借或贷	余额
月	日	字	号					
1	1			期初余额			借	56000
1	1—10	科汇		1—10 日发生额	100800	126000	借	30800
1	31			本月合计	100800	126000	借	30800

表8-45 **总 分 类 账**

会计科目:库存商品

20××年		凭证		摘要	借方	贷方	借或贷	余额
月	日	字	号					
1	1			期初余额			借	70000
1	31	科汇		20—31 日发生额	240900	196030	借	114870
1	31			本月合计	240900	196030	借	114870

表8-46 **总 分 类 账**

会计科目:累计折旧

20××年		凭证		摘要	借方	贷方	借或贷	余额
月	日	字	号					
1	1			期初余额			贷	130000
1	31	科汇		20—31 日发生额		25000	贷	155000
1	31			本月合计		25000	贷	155000

表8-47 **总 分 类 账**

会计科目:长期股权投资

20××年		凭证		摘要	借方	贷方	借或贷	余额
月	日	字	号					
1	1			期初余额			借	200000
1	31			本月合计			借	200000

表8-48

总 分 类 账

会计科目：固定资产

20××年		凭证		摘要	借方	贷方	借或贷	余额
月	日	字	号					
1	1			期初余额			借	400000
1	31			本月合计			借	400000

表8-49

总 分 类 账

会计科目：短期借款

20××年		凭证		摘要	借方	贷方	借或贷	余额
月	日	字	号					
1	1			期初余额			贷	200000
1	31			本月合计			贷	200000

表8-50

总 分 类 账

会计科目：应付账款

20××年		凭证		摘要	借方	贷方	借或贷	余额
月	日	字	号					
1	1			期初余额			贷	51500
1	10	科汇		1—10 日发生额	20000	50000	贷	81500
1	31	科汇		21—31 日发生额	8000	8000	贷	81500
1	31			本月合计	28000	58000	贷	81500

表8-51

总 分 类 账

会计科目：应交税费

20××年		凭证		摘要	借方	贷方	借或贷	余额
月	日	字	号					
1	21	科汇		21—31 日发生额		13680	贷	13680
1	31			本月合计		13680	贷	13680

表8-52

总 分 类 账

会计科目:应付利息

20××年		凭证		摘要	借方	贷方	借或贷	余额
月	日	字	号					
1	21	科汇		21—31日发生额		900	贷	900
1	31			本月合计		900	贷	900

表8-53

总 分 类 账

会计科目:应付职工薪酬

20××年		凭证		摘要	借方	贷方	借或贷	余额
月	日	字	号					
1	10	科汇		1—10日发生额	100400		借	100400
1	31	科汇		21—31日发生额		100400	平	0
1	31			本月合计	100400	100400	平	0

表8-54

总 分 类 账

会计科目:应付利润

20××年		凭证		摘要	借方	贷方	借或贷	余额
月	日	字	号					
1	31	科汇		21—31日发生额		1500	贷	1500
1	31			本月合计		1500	贷	1500

表8-55

总 分 类 账

会计科目:实收资本

20××年		凭证		摘要	借方	贷方	借或贷	余额
月	日	字	号					
1	1			期初余额			贷	500000
1	31			本月合计			贷	500000

表8-56

总 分 类 账

会计科目:盈余公积

20××年		凭证		摘要	借方	贷方	借或贷	余额
月	日	字	号					
1	1			期初余额			贷	160000
1	31	科汇		21—31日发生额		204	贷	160204
1	31			本月合计			贷	160204

表8-57　　**总 分 类 账**

会计科目:利润分配

20××年		凭证		摘要	借方	贷方	借或贷	余额
月	日	字	号					
1	1			期初余额			贷	40000
1	31			21—31 日发生额	1704	2040	贷	40336
1	31			本月合计			贷	40336

表8-58　　**总 分 类 账**

会计科目:本年利润

20××年		凭证		摘要	借方	贷方	借或贷	余额
月	日	字	号					
1	31	科汇		21—31 日发生额	260000	260000	平	0
1	31			本月合计	260000	260000	平	0

表8-59　　**总 分 类 账**

会计科目:生产成本

20××年		凭证		摘要	借方	贷方	借或贷	余额
月	日	字	号					
1	10	科汇		1—10 日发生额	116000		借	116000
1	31	科汇		21—31 日发生额	124900	240900	平	0
1	31			本月合计	240900	240900	平	0

表8-60　　**总 分 类 账**

会计科目:制造费用

20××年		凭证		摘要	借方	贷方	借或贷	余额
月	日	字	号					
1	10	科汇		1—10 日发生额	6000		借	6000
1	31	科汇		21—31 日发生额	36900	42900	平	0
1	31			本月合计	42900	42900	平	0

表8-61　　**总 分 类 账**

会计科目:管理费用

20××年		凭证		摘要	借方	贷方	借或贷	余额
月	日	字	号					
1	10	科汇		1—10 日发生额	4000		借	4000
1	31	科汇		21—31 日发生额	16500	20500	平	0
1	31			本月合计	20500	20500	平	0

表8-62

总 分 类 账

会计科目:财务费用

20××年		凭 证		摘 要	借 方	贷 方	借或贷	余 额
月	日	字	号					
1	31	科汇		21—31日发生额	900	900	平	0
1	31			本月合计	900	900	平	0

表8-63

总 分 类 账

会计科目:营业税金及附加

20××年		凭 证		摘 要	借 方	贷 方	借或贷	余 额
月	日	字	号					
1	31	科汇		21—31日发生额	13000	13000	平	0
1	31			本月合计	13000	13000	平	0

表8-64

总 分 类 账

会计科目:主营业务成本

20××年		凭 证		摘 要	借 方	贷 方	借或贷	余 额
月	日	字	号					
1	31	科汇		21—31日发生额	196030	196030	平	0
1	31			本月合计	196030	196030	平	0

表8-65

总 分 类 账

会计科目:销售费用

20××年		凭 证		摘 要	借 方	贷 方	借或贷	余 额
月	日	字	号					
1	20	科汇		11—20日发生额	25900		借	25900
1	31	科汇		21—31日发生额		25900	平	0
1	31			本月合计	25900	25900	平	0

表8-66

总 分 类 账

会计科目:所得税

20××年		凭 证		摘 要	借方	贷 方	借或贷	余 额
月	日	字	号					
1	31	科汇		21—31日发生额	680	680	平	0
1	31			本月合计	680	680	平	0

表8-67

总分类账

会计科目：营业外支出

20××年		凭证		摘要	借方	贷方	借或贷	余额
月	日	字	号					
1	10	科汇		1—10日发生额	950		借	950
1	31	科汇		21—31日发生额		950	平	0
1	31			本月合计	950	950	平	0

表8-68

总分类账

会计科目：主营业务收入

20××年		凭证		摘要	借方	贷方	借或贷	余额
月	日	字	号					
1	20	科汇		11—20日发生额		260000	贷	260000
1	31	科汇		21—31日发生额	260000		平	0
1	31			本月合计	260000	260000	平	0

(7)将总分类账与日记账、明细分类账核对(略)。

(8)根据总分类账与明细分类账编制财务会计报表(略)。

第四节　其他核算程序

一、汇总记账凭证核算程序

汇总记账凭证核算程序与科目汇总表核算程序基本相同，只不过汇总记账凭证核算程序是定期将所有记账凭证汇总编制成汇总收款凭证、汇总付款凭证、汇总转账凭证，然后根据汇总记账凭证登记总账。它适用于业务量较多的单位。

汇总记账凭证核算程序如图8-4所示。

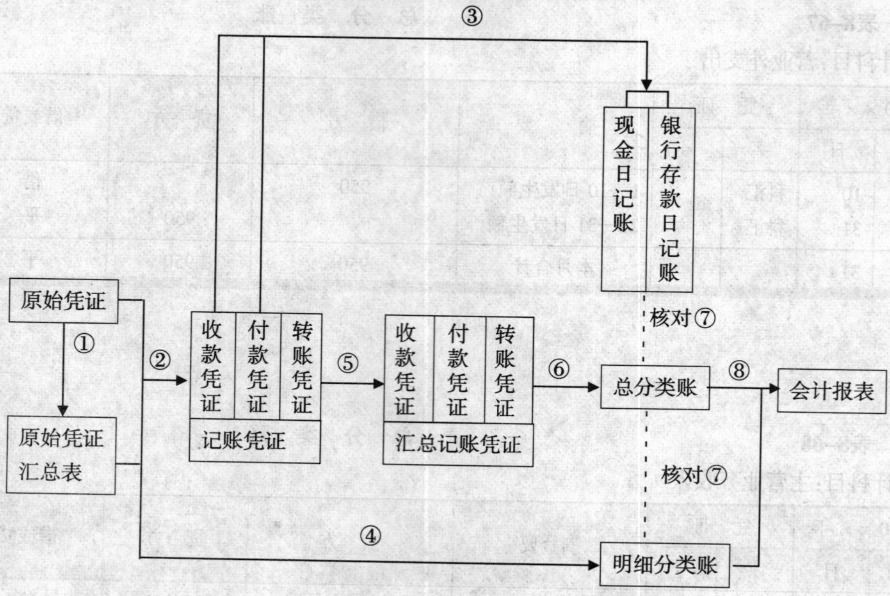

图 8-4

二、多栏式日记总账核算程序

多栏式日记总账核算程序是设置日记总账，根据记账凭证直接登记日记总账的核算程序。这种核算程序简化了总账的核算过程，能较好地反映账户的对应关系，但是，如果运用科目较多时，账页就会过长，登账时容易串行，也不便于会计人员分工，因此这种会计核算形式，只适用于规模小、业务简单、使用会计科目不多的单位。

多栏式日记总账核算程序见图8-5。

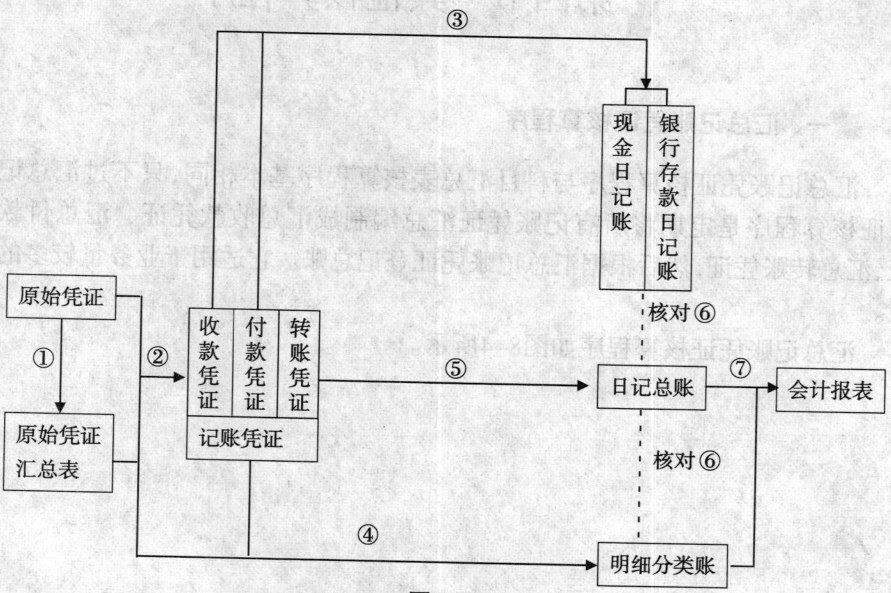

图 8-5

想一想:
你能否用一句话来表示各种核算程序的区别?

三、会计电算化核算程序

(一)什么是会计电算化

会计电算化是电子计算机技术应用于会计领域,是电子计算机技术与会计学结合的产物。它利用电子计算机技术,运用搜集记录、归纳、计算、分析预测和决策等方法,对经济活动进行完整、连续、系统的核算和监督,提供经营管理上所需的各种经济信息。它使广大财会人员从繁杂的手工操作中解放出来,极大地提高了效率,也保证了质量,更好地满足了经济管理需要。会计实践越来越说明,会计电算化是我国会计改革的方向,会计电算化程度越高,就越能满足管理的需要、提高生产效率、最终提高经济效益。

(二)会计电算化核算程序

会计电算化核算程序是指会计核算中应用计算机技术,也即用计算机代替人工对企事业单位的经济业务进行连续、系统、综合的记录计算和分析,并为经济管理提供会计信息。该核算程序由以下几个系统组成:账务处理系统、报表系统、往来系统、工资系统、固定资产核算系统、存货系统和成本核算系统。在这种核算程序之下,会计人员用计算机将手工账簿输入计算机(即所谓建账),通过人工输入编制凭证(或系统自动生成),计算机将审核后的凭证进行处理,实现分类、记录、计算和汇总,在结账前可运用计算机进行例如借贷平衡,总账与明细账统驽关系之间的检查,保证记账工作的正确,并进行自动结账,并完成报表的编制和打印。

会计电算化核算程序操作方便、效率高,只要凭证输入正确,报表的编制速度极快而且正确。

想一想:
电子计算机技术应用于会计工作中,会带来哪些好处和弊端?

自我检测

本章的学习已全部完成,请检验以下学习目标你是否达到了:

- 理解并掌握会计核算程序的概念;
- 了解会计核算程序的三大种类;
- 掌握会计核算程序的基本原则;
- 区分记账凭证核算程序和记账凭证汇总表核算程序的差别;
- 描述会计电算化的含义;
- 说明各种会计核算程序的根本区别。

第九章 财产清查

第一节 财产清查的意义

一、财产清查的概念

提示:
企业的资产不是账簿上的数字，对资产要定期盘查，以保证资产的完整，并确定资产的价值。

财产清查，是指企业、行政事业单位通过对财产物资、现金的实地盘点和对银行存款、债权债务的查对，以确定企事业单位各项财产实际结存数，并查明账面结存数与实际结存数是否相符的一种专门方法。

会计核算的任务之一是反映和监督财产物资的保管和使用情况，以提高各项财产物资的使用效果。企业的财产包括现金、银行存款等各项货币资金，固定资产、原材料、在产品、库存商品等各项财产物资以及应收、应付结算款项等。根据企业会计制度的要求，各经济单位应通过账簿记录来反映和监督各项财产的增减变化及结存情况。为了保证账簿记录的正确，应加强会计凭证的日常审核，定期核对账簿记录，做到账证相符、账账相符。但是在实际工作中，即使账簿记录正确，保证了账证相符、账账相符，但是由于有很多客观原因，例如，在各种物资的保管过程中发生的自然损耗、毁损、短缺等；在管理和核算上发生的错收、错付、漏记、重复记录和计算不准等；在计量或检验方面，由于不准确造成的多收多付或少收少付等，都会导致各项财产的账面数额与实际结存数额发生差异，造成账实不符。此外，现金、银行存款及应收、应付款项的账面数额与实际结存数额也有不符的可能。因此，为了保证会计账簿记录的真实、正确，定期进行财产清查非常重要。

二、财产清查的作用

财产清查对于正确组织会计核算和改善经营管理，提高管理水平，具有重要意义。正确运用财产清查，可以充分发挥会计对经济活动的管理作用。具体来说，财产清查具有以下重要作用：

1. 通过财产清查，可以提高会计资料的质量，保证会计资料的真实。通过财产清查，可以确定各项财产的实际结存数，将实际结存数与账面结存数进行对比，确定盘盈、盘亏，及时调整账簿记录，做到账实相符，以保证账簿记录的真实正确，为经济管理提供可靠的数据资料。

2. 通过财产清查,可以揭示财产物资的使用情况,促进企业改善经营管理,挖掘各项财产的潜力,加速资金周转。通过财产清查,可以查明各项财产物资的储备情况和利用情况,查明各项财产盘盈、盘亏的原因和责任,查明各项财产物资占用资金的合理性,从而找出各项财产管理中存在的问题,以便挖掘各项财产物资的潜力,改善经营管理。

3. 通过财产清查,可以促使财产物资保管人员加强责任感,以保证各项财产的安全完整。财产清查既是会计核算的一项专门方法,又是一项行之有效的会计监督活动。通过财产清查,可以建立健全财产物资保管的岗位责任制,保证各项财产物资的安全完整。

三、财产清查的分类

财产清查可按清查的对象和范围以及清查时间进行分类。

提示:财产清查可按空间范围和时间范围进行分类。

1. 按财产清查的对象和范围划分,分为全面清查和局部清查。

(1)全面清查。全面清查是指对全部财产进行盘点和核对。以企业为例,全面清查的对象一般包括:①现金、银行存款和银行借款等货币资金;②所有的在途物资、材料、在产品、库存商品及其他物资;③各种有价证券;④各项固定资产、无形资产和其他长期资产;⑤各项债权、债务及预算缴拨款项;⑥各种专项物资;⑦委托其他单位加工或保管的材料、商品及物资;⑧受其他单位委托加工或保管的材料、商品及物资;⑨出租、出借和租入、借入的固定资产等;⑩各项在建工程。

全面清查范围广,涉及的部门和人员多,一般是在年终决算前,单位撤销、合并或改变隶属关系,中外合资、国内联营,开展清产核资,以及单位主要负责人调离等情况下,需要进行全面清查。

(2)局部清查。局部清查是指企业根据需要对一部分财产物资进行的清查。其清查的主要对象是流动性较大的和贵重的财产物资,如现金、材料、在产品和库存商品等。

局部清查范围小,内容少,涉及的人员少,但专业性较强。清查的对象一般有:①对于现金,应由出纳员在每日业务终了时点清,做到日清月结;②对于银行存款和银行借款,应由出纳员每月同银行至少核对一次;③对于材料、在产品和库存商品,有计划地每月重点抽查;④对于贵重的财产物资,每月至少清查盘点一次;⑤对于债权债务,应在年度内至少核对1~2次。

2. 按照财产清查的时间划分,分为定期清查和不定期清查。

(1)定期清查是指根据管理制度的规定和预先计划安排的时间,对各项财产所进行的清查。其清查的目的在于保证会计核算资料的真实正确,一般是在年末、季末或月末结账时进行。

(2)不定期清查是指事前不规定清查日期,而是根据需要临时进行的清查。不定期清查就其清查对象和范围来件讲,既可以是全面清查,也可以是局部清查,一般在以下几种情况下进行:①更换财产物资的经管人员;②根据上级要求进行临时性的财产清查;③因自然灾害和意外事故导致了财产物资的非常损失；④主管部门、财政审计和银行有关部门对单位会计工作进行检查；⑤会计主体发生变化和隶属关系发生变动。

定期清查和不定期清查按照财产清查的对象和范围划分，可以是全面清查，也可以是局部清查。

四、财产清查的盘存制度

想一想：
永续盘存制与实地盘存制的区别。

财产清查的盘存制度也就是会计实务中财产物资的盘存制度，主要有永续盘存制和实地盘存制。

1. **永续盘存制亦称账面盘存制，是以账簿记录为依据来确认财产物资结存数量的一种方法。**即平时对各项财产物资的增加数和减少数都要根据会计凭证连续记入有关账簿中，并根据账面期初余额+本期增加额–本期减少额，随时结出账面期末余额的一种方法。采用这种盘存制要求财产物资的增减变动都要有严密的手续，以便随时掌握财产物资的占用情况便于加强会计监督。存货和固定资产均采用这种盘存制度。永续盘存制的不足之处在于账簿中记录的财产物资的增减变动及结存情况都是根据有关会计凭证登记的，有可能会发生账实不符的情况，因此需要对各项财产物资定期进行财产清查，以查明账实是否相符以及账实不符的原因。

2. **实地盘存制是以期末盘点实物的结果为依据来确认财产物资结存数量的一种方法。**平时只根据会计凭证在账簿中登记财产物资的增加数，不登记减少数，到月末，对各项财产物资进行盘点，根据实地盘点所确定的结存数倒挤出本月各项财产物资减少数的一种方法。采用这种盘存制度，各项财产物资的本期减少数是根据账面期初余额+本期增加数–期末实际结存数倒挤出的，并据以登记有关账簿。这种方法简单，工作量小，但不能随时掌握财产物资的占用情况及动态，不便于实行会计监督。并且，倒挤出的各项财产物资的减少数中成分比较复杂，除了正常耗用以外，可能还有毁损和丢失等具体情况，不利于保护企业财产物资的安全与完整。所以一般只适用于价值量小、数量多的低值易耗品，如橡皮筋、大头针等。

在采用实地盘存制的单位，对各项财产物资进行实地盘点的结果只是作为登记财产物资账面减少数的依据，而不能用于核对账实是否相符。

第二节 财产清查的范围和方法

一、财产清查的范围

前面已经说过，财产清查的范围不仅包括各种实物的清点，而且也包括各种债权债务和结算款项的查询核对；不仅包括存放在本企业、本单位的财产物资，而且也包括属于本企业、本单位所有但不存放在本企业、本单位的财产物资。同时，为了保护企业财产安全、完整，明确经济责任，对于其他企业、单位存放在本企业的财产物资也同样要进行清查。一般来说，工业企业财产清查的范围包括：(1)货币资金的清查，主要是对库存现金和银行存款的清查；(2)各种存货的清查，主要包括对库存原材料、燃料、包装物、低值易耗品、库存商品、在产品、自制半成品、外购商品等的清查；(3)固定资产的清查，主要包括机器、厂房、办公室设备、汽车以及在建工程物资等的清查；(4) 委托加工或受托加工的材料，以及租赁的固定资产、包装物的清查；(5)应收账款、应付账款、预收账款、预付账款等各种往来款项的清查。

提示：
财产清查不但要查账上的自有财产，对于其他企业存放在本企业的财产物资也要清查。

二、财产清查的方法

为了保证财产清查工作的质量，提高工作效率，针对不同种类的财产物资，在清查时应采用不同的方法。

(一)财产物资实物的清查

财产物资实物的清查主要是指对存货(原材料、辅助材料、低值易耗品、在产品、库存商品等)和固定资产等的清查。清查应从数量和质量上进行，并核定其实际价值。针对财产物资种类多、数量多、品种规格多、储备状态复杂、计量单位不统一、价值大小不均匀等特点，在清查中，一方面要分清轻重缓急，合理分配时间；另一方面，针对不同的清查对象，应选择不同的清查方法。清查方法通常有以下几种：

1. 实地盘点法。实地盘点是通过点数、过磅、量尺等方法确定财产物资实有数的方法。这种方法计量准确、直观、适用范围较广，对大多数财产物资的清查都可以采用这种方法。

2. 技术推算法。技术推算法是利用科学技术方法，对财产物资的实存数进行推算的一种方法，这种方法适用于那些大量成堆、难以逐一清点的物资，如散装的化肥、棉花等。

3. 抽样盘点法。抽样盘点法是指从总体中选取所需要的个体，再通过盘点个体的数量，推断出总体数量的一种方法。这种方法适用于价值小、数量多、重量比较均匀的实物的清查。

对于委托外单位加工、保管的材料、商品等实物应采用查询核对法，即采用去函、去人调查，并与本单位账存数相核对的方法进行清查。

为了明确经济责任，便于查核，在实地盘点时，必须要有实物保管人员在场并参与盘点工作，但保管人员不宜单独承担财产物资的清查工作。

盘点后，应及时地将盘点结果如实记载在“盘存单”上，并由盘点人员和保管、使用人员签字盖章。“盘存单”是记录财产物资盘点结果的书面证明，是反映财产物资实有数额的原始凭证。盘存单的一般格式如表9–1所示。

“盘存单”内的编号、规格、名称、计量单位、单价各栏所填写的内容应与对应账簿上记载的内容相同，以便核对。

为了进一步查明实际盘点后的结果与对应账簿的账面结存数额是否一致，在“盘存单”填制审核完毕后，应将其与有关账簿记录进行核对。然后将核对结果填入“账存实存对比表”中，通过对比确定实物的盈亏情况。“账存实存对比

表 9-1

盘 存 单

财产类别	
存放地点	

年 月 日

编 号	规 格	名 称	单 位	单 价	金 额	备 注

盘点人员：

实物保管：

表”也是用于调整有关账簿记录的原始单据，是确定有关人员经济责任的依据。“账存实存对比表”的一般格式如表9-2所示。

表 9-2

账存实存对比表

年 月 日

编号：

编号	规格	名称	计量单位	单价	账 存		实 存		盘 盈		盘 亏	
					数量	金额	数量	金额	数量	金额	数量	金额
备注												

会计主管：(签章)

出纳员：(签章)

对于委托外单位加工、保管的财产物资，出租的包装物、固定资产等，可以按照有关账面结存数，通过信函等方式与对方进行核查，确定账实是否相符。

(二)货币资金的清查

货币资金的清查主要包括对库存现金的清查和对各种存款的清查。这里介绍现金和银行存款的清查。

1. 库存现金的清查。库存现金的清查是通过实地盘点的方法进行的。清点库存现金时，出纳人员必须在场，以明确责任。将库存现金实地清点后，确定库存现金的实际结存数，并将其与“现金日记账”的账面结存数额进行核对，确定库存现金长短款的数额。清点时应注意一切收据、借据均不得抵充现金，注意库存现金是否超过规定的限额、有无坐支现金的现象等。

提示：
现金盘库有可能出现实际金额大于账面额是为“长款”。

清点现金后，将清查结果填入“库存现金盘点表”，由盘点人员会同出纳人员签字盖章。“库存现金盘点表”一般格式如表9-3所示。

表 9-3 库存现金盘点表

年 月 日 编号：

账存金额	实存金额	盘 盈	盘 亏	备 注

盘点人：(签章) 出纳员：(签章)

在实际工作中，现金的收支业务很频繁，且容易出错，出纳人员应每日进行库存现金的清查，做到日清日结。这种清查一般由出纳人员在每日工作结束之前，将“现金日记账”当日账面结存数额与库存现金实际盘点数额进行核对，以此检查当日工作准确与否，确保每日账实相符。

2. 银行存款的清查。银行存款的清查是通过与单位开户银行核对账目记录的方法进行的。它与实物、现金清查所使用的方法不同。

清查之前，将本单位所发生的经济业务过入“银行存款日记账”上，再对账面记录进行检查复核，确定账簿记录是否完整、准确。然后，将银行转来的“对账单”与“银行存款日记账”账面记录进行逐笔核对。

一般情况下，导致企业“银行存款日记账”的余额和银行转来“对账单”的余额不一致的主要原因有两类：一类是企业和银行之间一方或双方记账错误引起；另一类是由于出现了未达账项。未达账项是由于银行存款日常的收付业务频繁，开户银行和企业在办理结算手续和凭证传递、入账的时间不一致造成的，即企业“银行存款日记账”上或开户银行的“对账单”上存在“未达账项”。“未达账项”是企业与银行之间由于核算时间不一致而造成的一方已入账，另一方尚未入账的会计事项。未达账项大致有以下四种：

(1)企业已入账，银行尚未入账的收款业务，即企业收到或已送存银行的款项；企业已入账，但银行尚未入账。

(2)企业已入账，银行尚未入账的付款业务，即企业开出各种付款凭证，已记入“银行存款日记账”；但银行尚未入账。

(3)银行已入账，企业尚未入账的收款业务，即银行代企业收进的款项，银行已入账；但企业尚未收到有关凭证，未能登记入账。

(4)银行已入账，企业尚未入账的付款业务，即银行代企业支付的款项，银行已入账；但企业尚未收到有关凭证，未能登记入账。

以上任何一种情况存在都将导致企业“银行存款日记账”的余额和银行“对账单”的余额不一致。因此，在清查中，除了对发现的错账应按规定的程序报请更正外，对于已发现的未达账项也要通过编制“银行存款余额调节表”来检查调整后的账面余额是否相符。

编制银行存款余额调节表的依据是银行“对账单”上银行存款余额与企业

"银行存款日记账"账面余额及未达账项之间的关系。消除未达账项的影响后，双方银行存款的余额应该相等。通常有两种方法可供选择：

第一种，补记式余额调节法，即将双方余额各自加减未达账项，使双方余额平衡的一种方法。其调节公式为：

银行存款日记账余额+银行已收企业未收的款项–银行已付企业未付的款项＝银行对账单余额+企业已收银行未收的款项–企业已付银行未付的款项

现举例说明"银行存款余额调节表"的编制。

例 9–1 某企业6月30日银行存款账面余额是37万元，银行对账单上账面余额是39万元，经逐笔核对，发现以下几笔未达账项：

①企业于月末存入从其他单位收到的转账支票3.6万元，企业已入账，而银行因内部手续尚未办妥，尚未入账。

②企业于月末开出的现金支票6000元，企业已入账，因持票人尚未到银行办理取款手续，银行尚未入账。

③企业委托银行向外单位收回的销货款9万元，银行已入账，而企业尚未收到有关通知，尚未入账。

④银行代企业支付的水电费4万元，银行已入账，而企业尚未收到有关通知，尚未入账。

根据以上资料，用补记式余额调节法编制银行存款余额调节表如表9–4所示。

表 9–4

银行存款余额调节表

20××年 6 月 30 日

单位：元

项　目	金　额	项　目	金　额
企业银行存款日记账账面余额	370000	银行对账单账面余额	390000
加：银行已收，企业未收 减：银行已付，企业未付	90000 40000	加：企业已收，银行未收 减：企业已付，银行未付	36000 6000
调节后的存款余额	420000	调节后的存款余额	420000

第二种，剔除式余额调节法，即将未达账项从入账的一方余额中剔除，使双方都不含未达账项。用公式表示：

银行对账单账余额–银行已收企业未收的款项+银行已付企业未付的款项＝银行存款日记账余额–企业已收银行未收的款项+企业已付银行未付的款项

现将上例改用剔除法编制银行存款余额调节表，如表9–5所示。

无论采用哪一种方法，其实质都是用来消除未达账项的影响，使双方记账依据一致。因此，如果调整后，双方账面银行存款余额相符，则说明企业银行存款账实相符，否则应继续检查。

3. 往来款项的清查。往来款项主要包括各种应收账款、应付账款、预收账款、预付账款。往来款项的清查采用与对方单位或个人通过对账单核对账簿记录的方法进行。

表 9-5　　银行存款余额调节表

20××年 6 月 30 日　　单位:元

项　目	金　额	项　目	金　额
企业银行存款日记账账面余额	370000	银行对账单账面余额	390000
减:企业已收,银行未收	36000	减:银行已收,企业未收	90000
加:企业已付,银行未付	6000	加:银行已付,企业未付	40000
调节后的存款余额	340000	调节后的存款余额	340000

清查之前,首先要检查本单位各种往来款项账簿上的记录是否登记完整、正确。确定无误后,再编制"往来款项对账单"送交对方单位进行核对。对账单通常一式两联,其中一联作为回执联。对方单位如核对相符,应在对账单上签章退回本单位,如不符,应在对账单上注明不符情况或另抄对账单退回,以便进一步核对。在查核过程中,如果发现未达账项,双方应编制"往来款项账面余额调节表"予以调整。

往来款项的清查,除了查对往来结算款项数额是否相等外,还应注意清查往来款项的结算时间,从中掌握往来款项的拖欠情况,以便加强债权债务的管理,减少呆账、坏账损失。

注意:
银行存款余额调节表主要是用来核对企业与银行双方的记账有无差错,不能作为记账的依据。对于因未达账项造成双方账面余额出现的差异,无需做账面调整,待结算凭证到达以后再进行账务处理,登记入账。

第三节　财产清查结果的处理

如实反映、妥善处理财产清查中发现的管理和核算中存在的各种问题,是财产清查的重要环节和内容,也是能否发挥财产清查作用的关键。财产清查结束后,有关清查人员应根据清查中取得的资料如实填写清查报告,并以国家有关政策、法律和规定的制度为依据,对有关问题进行妥善处理或提出可行性建议。

一、财产清查结果的处理

(一)分析、查明账实不符的原因和性质,按照规定采用相应的处理方法

企业应认真核准财产清查中所发现的盘盈、盘亏、毁损和其他损失的数字,并查明其性质和发生的原因,明确经济责任,提出妥善的处理意见,报领导审批。领导批准前,盘盈的各种材料、产成品、商品、生物资产等借记"原材料"、"库存商品"、"消耗性生物资产"等科目,贷记待处理财产损溢科目。盘亏的各种材料、产成品、商品、生物资产、固定资产,借记待处理财产损溢科目,贷记"原材料"、"库存商品"、"消耗性生物资产"、"固定资产"等科目。领导批准后,由于个人工作失误造成的损失,应由当事人负责赔偿;由于经营管理不善造成的损失,属于流动资产短缺或毁损的,列入"管理费用"核算;属于固定资产短缺的或毁损的,列入"营业外支出"核算;由于自然灾害造成的损失,列入"营业外支出"核算。盘盈的除固定资产以外的其他财产,借记"待处理财产损溢"科目,贷记"管理费用"、"营业外收入"等科目。

(二)处理积压物资和清理长期不清的债权债务

如实反映清查中所发现的积压、滞销和霉变的物资以及长期拖欠或有争议的往来款项,查明原因,提出处理意见。

对清查中发现的积压、滞销或不需要的物资,应建议有关部门改进推销技巧,调整销售计划与措施;对于长期拖欠的以及发生争议的往来款项都应指定专人负责查明原因,限期清查解决;对于物资储备不足或半成品不配套的情况,也要建议有关领导和内部有关部门注意改进,从而既能保证生产的需要,做到物尽其用,又能节约资金,加速资金周转。

(三)总结经验教训,完善财产管理制度

对于清查中发现的经营和会计核算方面的问题，应及时总结经验教训,提出改进措施,建立健全财产管理制度,提高经营管理水平。

(四)调整账簿记录,做到账实相符

对于财产清查中发现的账实不符情况,应按照有关规定,调整账簿记录,做到账实相符。

二、财产清查结果的账务处理

注意:
企业财产盘盈、盘亏的财务处理。

各企业财产的使用部门在清查中发现的盘盈、盘亏和损失应及时编制记账凭证,并据以登记有关账簿,使之账实相等,以便在编制会计报表时,能得到客观真实的会计核算资料。

(一)盘盈、盘亏的财产物资的账务处理

企业财产物资经盘点后发生盈亏的财产可分为流动资产和固定资产两大类。其中,流动资产盘点后盈亏有库存现金和银行存款的长款与短款、存货的盘盈和盘亏。

《企业会计准则》规定,企业在财产清查中发现的现金短缺或溢余应当计入损益。在清查时发现库存现金短缺,查明原因报领导审批时,借记“待处理财产损溢——待处理流动资产损溢”账户,贷记“现金”账户。经领导批准后,如为责任人赔偿的短缺,应借记“其他应收款”或“现金”账户,扣除由责任人赔偿的现金短缺后的金额,借记“管理费用”账户,按全部现金短缺数贷记“待处理财产损溢——待处理流动资产损溢”账户。在清查时发现库存现金溢余,查明原因报领导审批时,应按实际溢余的金额,借记“现金”账户,贷记“待处理财产损溢——待处理流动资产损溢”账户。经领导批准后,按全部溢余数借记“待处理财产损溢——待处理流动资产损溢”账户,属于应支付给有关人员或单位的部分,贷记“其他应付款”账户,现金溢余金额超过应付给有关单位或人员的部分,贷记“营业外收入”账户。

企业清查盘点中发现的存货盘盈,查明原因报领导审批时,应按该存货的市价或同类商品的市场价格作为实际成本,借记有关存货账户,贷记“待处理财产损溢——待处理流动资产损溢”账户。发现库存商品盘亏或毁损,查明原因报领导审批时,借记“待处理财产损溢”账户,贷记有关存货账户。经领导批准后,在减去过失人或者保险公司等赔款和残料价值之后，属于自然灾害造成的,借记“营业外支出”账户，属于其他情况的，借记“管理费用”账户，贷记“待处理财产损溢——待处理流动资产损溢”账户。

盘亏的固定资产，查明原因报领导审批时，按其账面净值，借记待“处理财产损溢——待处理固定资产损溢”账户，贷记“固定资产”账户，经领导批准后，按账面净值，借记“营业外支出”账户，按已提折旧，借记“累计折旧”，按固定资产净值，贷记“处理财产损溢——待处理固定资产损溢”账户。

(二)举例说明财产清查结果的账务处理

例 9-2 某企业在现金清查中发现库存现金长款500元。经核查，上述长款中属于少付万科公司款项360元。在报领导审批时，编制会计分录如下：

借：现金 500

　贷：待处理财产损溢——待处理流动资产损溢 500

经领导批准后，编制会计分录如下：

借：待处理财产损溢——待处理流动资产损溢 500

　贷：其他应付款 360

　　营业外收入 140

例 9-3 某企业在清查盘点中盘盈库存商品一批，该类商品市场价格5000元。在报领导审批时，编制会计分录如下：

借：库存商品 5000

　贷：待处理财产损溢——待处理流动资产损溢 5000

经领导批准后，编制会计分录如下：

借：待处理财产损溢——待处理流动资产损溢 5000

　贷：管理费用 5000

例 9-4 某企业清查盘点中发现短缺A材料一批，该批材料市场价格1万元，按规定属于责任人赔偿款为3000元。在报领导审批时，编制会计分录如下：

借：待处理财产损溢——待处理流动资产损溢 10000

　贷：原材料 10000

经领导批准后，编制会计分录如下：

借：其他应收款——×× 3000

　管理费用 7000

　贷：待处理财产损溢——待处理流动资产损溢 10000

例 9-5 某企业在财产清查中盘亏设备一台，账面原价2万元，已提折旧1.2万元。根据“账存实存对比表”所确定的设备盘亏数，在报领导审批时，编制会计分录如下：

借：待处理财产损溢——待处理固定资产损溢 20000

　贷：固定资产 20000

经领导批准后，编制会计分录如下：

借：营业外支出 8000

　累计折旧 12000

贷：待处理财产损溢——待处理固定资产损溢　　20000

自我检测

本章的学习已全部完成，请检验以下学习目标你是否达到了：

- 正确说明什么是财产清查及财产清查的作用；
- 说明永续盘存制和实地盘存制的区别；
- 明确未达账项的概念和种类；
- 掌握银行存款余额调节表编制的两种方法；
- 理解并掌握盘盈、盘亏的账务处理。

第十章 财务报表

第一节 财务报表的意义、种类和编制要求

一、财务报表的意义

企业编制的财务会计报表是企业会计核算的最终成果，既包括会计主体对外提供的财务报表，又包括为企业内部管理服务、不对外提供的成本报表。财务报表是对企业财务状况、经营成果和现金流量的结构性表达。财务报表至少应当包括资产负债表、利润表、现金流量表、所有者权益（或股东权益）变动表、附注。对外报送的财务报表加上其他应当在财务会计报告中披露的相关信息和资料构成了企业财务会计报告。本章主要介绍企业对外报送的基本财务报表。

想一想：
为什么企业要编制财务报表？财务报表对哪些人有用？

编制财务报表是会计核算的一项专门方法。通过日常会计核算形成的大量的会计凭证内容十分庞杂，反映的信息是孤立的，若直接对外披露，绝大部分非专业的会计信息使用者无法据以了解企业的财务状况与经营成果，同时也不便于保护企业的重大商业机密。通过账簿记录，对会计凭证提供的数据加以归类、加工、整理，产生系统、完整的会计核算资料。但是，对外部信息使用者来说，账簿信息仍不够系统、综合和简洁，不便于理解和阅读，因而有必要在账簿记录的基础上按照预先设计的指标体系，对账簿系统的信息进行再确认、再分类和提炼，以最简洁、最概括的表格形式对企业的财务状况和经营成果进行连续、系统、全面、综合的反映。财务报表综合地反映了会计主体在一定时期经济活动过程的结果，为有关方面的决策及管理提供必要的会计信息。其作用主要表现在以下几个方面：

1. 为企业内部经营管理服务。经营管理人员可以从资产、负债、所有者权益以及收入、费用和利润等各会计要素之间的复杂联系中，掌握本单位经济活动、财务收支和财务成果的全面情况，从报表的指标体系分析中寻找本单位在生产经营活动中存在的问题和原因，进一步挖掘增产节约的潜力，并为科学地制定下一期计划提供必要的参考数据。

2. 为企业外部经济关系人服务。经济关系人可以通过财务报表完整、全面地认识和掌握企业的财务状况和经营成果，获得对其决策有用的会计信息。如财税部门可以了解企业是否如期、足额上缴各项应缴税收；投资者、银行、供应商及

其他债权人可以从中分析企业的获利能力、偿债能力，与其他会计主体的经营业绩和财务实力进行比较和预测，确定投资、贷款、信用的方向及额度，促进社会资源流向高收益的行业或企业，达到最佳配置。

3. 为国家宏观调控提供依据。财务报表提供的会计信息经过逐级汇总整理，便于国家了解和掌握国民经济的发展速度，测算综合国力，为编制宏观经济计划提供依据，确保社会主义市场经济的健康、有效运行。

二、会计报表的种类

财务报表按照报表所反映的经济内容、编制单位、编报时间和报送对象等不同，一般有以下几种分类：

（一）按照财务报表所反映的经济内容分类

1. 反映财务状况及其变动的财务报表。如反映一定日期财务状况的资产负债表、反映一定时期内财务状况的变动及其原因的现金流量表。

2. 反映企业经营成果及其分配的财务报表。如反映一定时期内利润的实现或亏损的发生情况的利润表、反映一定时期内利润分配情况和年末未分配利润结余情况的利润分配表。

3. 反映业务收支情况的财务报表。如反映一定时期内各项主营业务的收入、成本、费用、税金及附加、主营业务利润情况的主营业务收支明细表。

（二）按财务报表编制时间分类

1. 月度财务报表，简称月报，是指反映某一月份财务状况和经营成果的财务报表，每月编报一次，如资产负债表、利润表。

2. 季度财务报表，简称季报，是指季度终了对外提供的财务报表。

3. 半年度财务报表，简称半年报，是指在每个会计年度的前6个月结束后对外提供的财务报表。月报、季报、半年报统称中期财务报表。

4. 年度财务报表，简称年报，是在年度终了后，按会计年度编制和报送，以全面反映会计主体全年经济活动、财务收支和财务成果的报表。年报在种类、揭示的指标信息方面最为完整、齐全。它包括资产负债表、利润表、现金流量表及附表。

（三）按财务报表编制单位分类

1. 单位财务报表，指由实行独立核算的基层单位编制的、反映基层单位经济活动情况的财务报表。

2. 汇总财务报表，指由上级主管部门根据所属单位上报的财务报表和本部门的会计资料汇总编制，用以反映某一部门、行业或地区综合经济情况的财务报表。

（四）按财务报表所反映的资金运动状况分类

1. 静态财务报表，是反映单位一定时日财务状况的报表，如资产负债表。

2. 动态财务报表，是反映单位在一定时期的经营成果的报表，如利润表。

3. 静态与动态相结合的财务报表，指既反映特定时点的财务状况，又反映在特定时期内取得的经营成果的报表，如现金流量表。

(五)按财务报表编制范围分类

1. 个别财务报表,是由单位编制的单独反映本单位自身经营成果、财务状况及其变动情况的报告。

2. 合并财务报表,是由企业集团中对其他单位拥有控制权的母公司编制的综合反映企业集团整体经营成果、财务状况及其变动情况的报告。合并财务报表所包含的内容和报表指标与基层财务报表相同,只是其指标的数值中既包含母公司的情况,又包含其控制的子公司或分支机构的情况。

三、财务报表列报的基本要求

为了使财务报表能够最大限度地满足各有关方面的需要,实现编制财务报表的基本目的,充分发挥财务报表的作用,企业列报财务报表时应当遵循以下基本要求。

(一)以持续经营为基础

企业应当以持续经营为基础,根据实际发生的交易和事项,按照《企业会计准则——基本准则》和其他各项会计准则的规定进行确认和计量,在此基础上编制财务报表。企业管理层应当评价企业的持续经营能力,对持续经营能力产生重大怀疑的,应当在附注中披露导致对持续经营能力产生重大怀疑的影响因素。企业正式决定或被迫在当期或将在下一个会计期间进行清算或停止营业的,表明其处于非持续经营状态,应当采用其他基础编制财务报表,并在附注中披露这一事实。

(二)列报项目前后一致

财务报表项目的列报应当在各个会计期间保持一致,不得随意变更,但下列情况除外:(1)会计准则要求改变财务报表项目的列报;(2)企业经营业务的性质发生重大变化后,变更财务报表项目的列报能够提供更可靠、更相关的会计信息。

(三)重要性项目单独列报

重要性,是指财务报表某项目的省略或错报会影响使用者据此作出经济决策的,该项目具有重要性。重要性应当根据企业所处环境,从项目的性质和金额大小两方面予以判断。性质或功能不同的、具有重要性的项目,应当在财务报表中单独列报。性质或功能类似的项目,其所属类别具有重要性的,应当按其类别在财务报表中单独列报。

(四)不得超规定抵消

除资产项目按扣除减值准备后的净额列示、非日常活动产生的损益以收入扣减费用后的净额列示、其他会计准则另有规定外,财务报表中的资产项目和负债项目的金额、收入项目和费用项目的金额不得相互抵消。

(五)相关可比

为了便于报表使用者在不同企业之间及同一企业前后各期之间进行比较,当期财务报表的列报,至少应当提供所有列报项目上一可比会计期间的比较数据,以及与理解当期财务报表相关的说明。财务报表项目的列报发生变更的,应当对上期比较数据按照当期的列报要求进行调整，并在附注中披露调整的原因和性质，以及调整的各项目金额。对上期比较数据进行调整不切实可行的，应当在附注中披露不能调整的原因。

企业对外提供的财务报表应当依次编定页数，加具封面、装订成册，加盖公章。封面上应当注明企业名称、企业统一代码、组织形式、地址、报表所属年度或者月份、报出日期，并由企业负责人和主管会计工作的负责人、会计机构负责人（会计主管人员）签名并盖章；设置总会计师的企业，还应当由总会计师签名并盖章。单位负责人应当保证财务报表真实、完整。

第二节　资产负债表的编制

一、资产负债表的概念

想一想：

资产负债表是时点报表还是时期报表?

资产负债表是反映企业某一特定日期（月末、季末、年末）财务状况的报表。即反映企业的特定日期全部资产、负债和所有者权益的财务报表。

资产负债表是财务报表分析的主要信息来源，是进行各项经济活动分析的基础，它对于一切会计信息使用者都具有十分重要的意义。通过报表分析，会计信息使用者可以了解企业拥有和控制的经济资源以及这些资源的分布与结构，评价企业的偿债能力和筹资能力，分析企业财务结构的好坏和负债经营的合理性，预测企业未来财务状况的变动趋势。

二、资产负债表的结构

资产负债表由表头和表体组成。表头部分列示报表的名称、编制单位、编制日期和货币计量单位等内容。资产负债表的表体根据“资产=负债+所有者权益”的基本公式，按照一定的标准和次序，把企业某一时日的资产、负债和所有者权益各要素按流动性进行项目分类。其格式有账户式和报告式两种，我国企业会计制度规定的资产负债表格式是采用账户式的资产负债表，如表10-1所示。

账户式资产负债表采用左右对称结构，左方为资产，是企业从事生产经营活动的经济资源；右方为权益，代表企业经济资源的所有权归属，包括债权人权益（负债）和所有者权益。由于全部资产的所有权总是属于投资人和债权人的，所以资产负债表左方的总计和右方总计始终保持平衡关系，即“资产总额=负债总额+所有者权益总额”。

注意：

资产负债表项目一般按照资产负债流动性由大到小的次序排列。

资产负债表项目一般按照资产负债流动性由大到小的次序排列。左方资产内部各个项目按照各项资产的流动性的大小或变现能力的强弱来排列。流动性越大、变现能力越强的资产项目越往前排；流动性越小、变现能力越弱的资产项目越往后排。流动性越强的资产变现能力越强，从而面临的市场风险越小；反之，流动性越弱的资产变现能力越弱，面临的市场风险也越大。

右方的权益项目包括负债和所有者权益两项，它们是按照权益的顺序排列

表 10-1 **资产负债表** 会企 01 表

编制单位: 年 月 日 单位:元

资　　产	期末余额	年初余额	负债和所有者权益(或股东权益)	期末余额	年初余额
流动资产:			流动负债:		
货币资金			短期借款		
交易性金融资产			交易性金融负债		
应收票据			应付票据		
应收账款			应付账款		
预付款项			预收款项		
应收利息			应付职工薪酬		
应收股利			应交税费		
其他应收款			应付利息		
存货			应付股利		
一年内到期的非流动资产			其他应付款		
其他流动资产			一年内到期的非流动负债		
流动资产合计			其他流动负债		
非流动资产:			流动负债合计		
可供出售金融资产			非流动负债:		
持有至到期投资			长期借款		
长期应收款			应付债券		
长期股权投资			长期应付款		
投资性房地产			专项应付款		
固定资产			预计负债		
在建工程			递延所得税负债		
工程物资			其他非流动负债		
固定资产清理			非流动负债合计		
生产性生物资产			负债合计		
油气资产			所有者权益(或股东权益):		
无形资产			实收资本(或股本)		
开发支出			资本公积		
商誉			减:库存股		
长期待摊费用			盈余公积		
递延所得税资产			未分配利润		
其他非流动资产			所有者权益(或股东权益)合计		
非流动资产合计					
资产总计			负债和所有者权益(或股东权益)总计		

的。由于企业的资产首先要用来偿还债务，所以负债是第一顺序的权益，具有优先清偿的特征，列于所有者权益之前；而所有者权益属于剩余权益，列于负债之后。负债内部各个项目依其偿还顺序，即按照偿还期由近至远的顺序排列，偿还期越近的流动负债项目越往前排，偿还期越远的长期负债项目则越往后排，偿付时间越短，面临的偿债风险越大。所有者权益内部各个项目按照各项目的稳定性程度或永久性程度排列。稳定性程度好、永久性程度高的实收资本和资本公积排在前面，稳定性程度差、永久性程度低的盈余公积和未分配利润排在后面。

左方资产项目按照变现能力顺序从大到小的顺序排列，右方负债项目按偿债期限由近到远的顺序排列，将左右双方对比，会计信息使用者就能分析企业偿债能力的强弱。

三、资产负债表的编制方法

资产负债表中“年初数”栏内的各项数字，应根据上年末资产负债表“期末数”栏内所列数字填列。如果本年度资产负债表规定的各个项目的名称和内容同上年度不一致，应对上年年末资产负债表各个项目的名称和数字按照本年度的规定进行调整，填入本表“年初数”栏内。

资产负债表“期末数”栏内各项数字，应根据会计账簿记录填列。大多数报表项目可以直接根据账户余额填列，少数报表项目则要根据总账或明细账账户余额分析计算填列。具体的填列规则和方法可归纳为以下几种：

（一）根据某一总分类账户的期末余额填列

1. 报表指标名称与总分类账户名称相同。例如，报表中资产类的“应收票据”、“应收股利”、“应收利息”、“在建工程”、“工程物资”、“固定资产清理”、“交易性金融资产”、“可供出售金融资产”、“开发支出”、“商誉”、“递延所得税资产”等项目，负债类的“短期借款”、“交易性金融负债”、“应付职工薪酬”、“应交税费”、“应付利息”、“应付股利”、“预计负债”、“专项应付款”、“递延所得税负债”等项目，所有者权益类的“实收资本”、“资本公积”、“盈余公积”等项目，均可根据相应总账账户期末余额直接填列。

2. 报表指标名称与总分类账户名称不同。如“固定资产原价”项目，可根据“固定资产”账户期末余额直接填列。

（二）根据若干个总分类账户的期末余额汇总填列

根据外部报表使用者的需要，对于某些属性相同的要素可提供汇总资料，核算上设置了调整账户的要素也要以净值的形式填报。因而，一些报表项目需要根据若干个总分类账户的期末余额汇总填列。若这些账户的余额方向相同，填报时只要将这几个账户的期末余额相加即可，若这些账户的余额方向不同，则填报时应将这些账户的期末余额相抵后填列。属于这种类型的报表项目主要有：

1. “货币资金”项目，应根据“现金”、“银行存款”、“其他货币资金”等账户的期末余额合计填列。

2. “存货”项目，应根据“材料采购”、“在途物资”、“原材料”、“周转材料”、“材料成本差异”、“库存商品”、“发出商品”、“商品进销差价”、“委托加工物资”、“生产成本”等账户的期末余额合计数，减去“存货跌价准备”账户期末余额后的差额填列。“代理业务资产”减去“代理业务负债”后的余额也在“存货”项目反映。

3. “未分配利润”项目，应根据“本年利润”和“利润分配”账户的期末余额计算填列。

4. 各项资产减值准备均应在相关资产项目中抵减。例如，“应收票据”、“应收账款”、“预付账款”、“应收分保账款”、“其他应收款”、“长期应收款”和“坏账准备”；“存货”和“存货跌价准备”；“持有至到期投资”和“持有至到期投资减值准备”；“长期股权投资”和“长期股权投资减值准备”；“固定资产”和“固定资产减值准备”；“无形资产”和“无形资产减值准备”等。

(三)根据有关明细分类账户的期末余额分析填列

1. 以准确划分“流动”与“非流动”为目的。资产负债表中的资产项目分为“流动资产”和“非流动资产”两大类，负债项目分为“流动负债”和“非流动负债”两大类，随着时间的推移，原先属于长期资产的经济资源会转变为流动资产，而原先的长期负债也因为偿还期小于一年而转化为流动负债。需要分析填列的报表项目有：(1)“长期应收款”中将于一年内到期的部分，在“一年内到期的非流动资产”项目填列；(2)长期应付款中将于一年内到期的部分，在“一年内到期的非流动负债”项目填列；(3)“长期待摊费用”账户中将于一年内到期的部分，应填列到流动资产项目“一年内到期的非流动资产”。

2. 以准确计量资产和负债为目的。借贷记账法允许设置双重性质的账户，“应收账款”、“应付账款”等账户的真正属性要根据各明细账户的余额方向来确定。往来明细账户中，凡是期末余额在借方的为资产，凡是期末余额在贷方的为负债。为了准确反映企业在会计期末资产和负债的真实情况，下列报表项目应根据有关明细分类账户的期末余额分析填列：

注意： 双重性质账户的属性要根据期末余额的方向确定。

(1)“应收账款”项目和“预收账款”项目。“应收账款”和“预收账款”明细分类账户中期末余额在借方的应填列“应收账款”项目，期末余额在贷方的在“预收账款”填列。

(2)“应付账款”项目和“预付账款”项目。“应付账款”和“预付账款”明细分类账户中期末余额在借方的应填列“预付账款”项目，期末余额在贷方的在“应付账款”填列。

(3)“衍生工具”、“套期工具”、“被套期项目” 等账户期末余额如在借方，应在“其他流动资产”项目填列，期末余额如在贷方，则在“其他流动负债”项目填列。

(四)根据表内项目勾稽关系计算填列

在上述三类项目填列完毕后，其余项目只要根据表中相关项目的勾稽关系计算填列即可。例如，“流动资产合计”、“非流动资产合计”、“流动负债合计”、“非流动负债合计”等各合计数根据类内各项目汇总填列。“资产总计”和“负债和所有者权益总计”分别根据左方和右方各合计数汇总填列。

另外，资产负债表中资产项目的金额大多是根据资产类账户的借方余额填列的，如果出现贷方余额，则以“-”号表示，例如，固定资产清理发生的净损失，以“-”号填列；负债项目的金额大多是根据负债类账户的贷方余额填列的，如果出现借方余额，也以“-”号表示，例如，“应付职工薪酬”、“应交税费”等期末转为债权的，以“-”号填列；期末累计未分配利润、资本公积为负数的，以“-”号填列。

四、资产负债表的编制实例

东源公司20××年1月31日总账账户期末余额资料如表10-2所示。

表 10-2　总账账户期末余额表

单位：元

账户名称	方向	金额	账户名称	方向	金额
库存现金	借	3900	累计折旧	贷	1588500
银行存款	借	1142600	无形资产	借	116000
其他货币资金	借	520000	累计摊销	贷	12000
交易性金融资产	借	150000	长期待摊费用	借	54600
应收票据	借	295800	短期借款	贷	1360000
应收账款	借	546700	应付票据	贷	100000
预付账款	借	68200	应付账款	贷	328000
其他应收款	借	231800	预收账款	贷	153000
坏账准备	贷	24700	应付职工薪酬	贷	31500
在途物资	借	85000	应交税费	贷	59700
周转材料	借	70000			
原材料	借	302000	其他应付款	贷	58700
委托加工物资	借	15000	预计负债	贷	5000
库存商品	借	1420000	长期借款	贷	200000
存货跌价准备	贷	29000	实收资本	贷	3000000
持有至到期投资	借	30000	资本公积	贷	1260000
长期股权投资	借	750000	盈余公积	贷	740000
长期股权投资减值准备	贷	8000	本年利润	贷	128000
固定资产	借	3634500	利润分配	贷	350000

有关明细资料如下：

1. “应收账款”明细分类账中，甲公司的期末余额为贷方9万元。
2. “预付账款”明细分类账中，乙公司的期末余额为贷方7.8万元。
3. “长期待摊费用”账户中，将于12个月内摊销的费用有18200元。
4. “应付账款”明细分类账中，丙公司的期末余额为借方9万元。
5. “预收账款”明细分类账中，丁公司的期末余额为借方2万元。

根据东源公司20××年1月31日总账及有关明细账资料，分析归纳如下：

（1）将“库存现金”、“银行存款”和“其他货币资金”账户余额相加得16666500元（3900+1142600+520000）。

（2）将“坏账准备”24700元从“应收账款”减去，将“应收账款”贷方余额9万元转入“预收账款”贷方，将“预收账款”借方余额2万元转入“应收账款”借方，则资产负债表的“应收账款”为632000元（546700-24700+90000+20000），“预收款项”为26.3万元（153000+90000+20000）。

（3）将“预付账款”贷方余额7.8万元从借方转入“应付账款”，“应付账款”借方余额9万元从贷方转入“预付账款”，则资产负债表的“预付账款”为236200元（68200+78000+90000），“应付账款”为496000元（328000+78000+90000）。

（4）将“在途物资”、“原材料”、“周转材料”、“委托加工物资”、“库存商品”账户余额之和减“存货跌价准备”填入“存货”为1863000元（85000+302000+70000+15000+1420000-29000）。

（5）将“长期待摊费用”减去12个月内摊销数得“长期待摊费用”为36400元（54600-18200）。

根据表10-2资料和以上资料及分析归纳，编制东源公司资产负债表，如表10-3所示。

表 10-3 **资产负债表** 会企 01 表

编制单位：东源公司 20××年1月31日 单位：元

资产	期末余额	年初余额	负债和所有者权益（或股东权益）	期末余额	年初余额
流动资产：		（略）	流动负债：		（略）
货币资金	1666500		短期借款	1360000	
交易性金融资产	150000		交易性金融负债		
应收票据	295800		应付票据	100000	
应收账款	632000		应付账款	49600	
预付款项	236200		预收款项	263000	
应收利息			应付职工薪酬	31500	
应收股利			应交税费	59700	
其他应收款	231800		应付利息		
存货	1863000		应付股利		
一年内到期的非流动资产	18200		其他应付款	58700	
其他流动资产			一年内到期的非流动负债		
流动资产合计	5093500		其他流动负债		
非流动资产：			流动负债合计	2368900	
可供出售金融资产			非流动负债：		
持有至到期投资	30000		长期借款	200000	
长期应收款			应付债券		

续表

资　　产	期末余额	年初余额	负债和所有者权益（或股东权益）	期末余额	年初余额
长期股权投资	742000		长期应付款		
投资性房地产			专项应付款		
固定资产	2046000		预计负债		
在建工程			递延所得税负债		
工程物资			其他非流动负债		
固定资产清理			非流动负债合计	205000	
生产性生物资产			负债合计	2573900	
油气资产			所有者权益（或股东权益）：		
无形资产	104000		实收资本（或股本）	3000000	
开发支出			资本公积	1260000	
商誉			减：库存股		
长期待摊费用	36400		盈余公积	740000	
递延所得税资产			未分配利润	478000	
其他非流动资产			所有者权益（或股东权益）合计	5478000	
非流动资产合计	2958400				
资产总计	8051900		负债和所有者权益（或股东权益）总计	8051900	

第三节　利润表的编制

一、利润表的概念

提示：
利润表是时期报表。

利润表是反映企业在一定会计期间（月度、年度）经营成果的会计报表。它根据“收入-费用=利润”这一平衡公式设计，按照一定的格式，把企业在一定会计期间内的各项收入、费用和利润项目予以适当排列编制而成，是一种动态的会计报表。

通过阅读分析利润表，会计报表使用者可以全面了解企业的经营业绩，衡量企业的盈利能力。其作用主要有以下几方面：

1. 通过利润表提供的反映企业经营成果的数据，并与不同时期利润表数据进行比较，可以分析企业的获利能力和偿债能力，预测未来的收益水平，分析企业今后利润的发展趋势，便于投资者、债权人进行投资决策和信贷决策。

2. 利润表提供的信息是考核和评价企业经营管理人员经营业绩和经营管理水平的一个重要依据。

3. 利润表提供的利润数据是税收部门课征所得税的依据。

4. 利润表常被用做计算国民收入的主要资料来源。

二、利润表的结构

利润表的结构有单步式和多步式两种。单步式利润表是将本期所有收入及相关费用分别加总,然后根据收入总额减费用总额直接计算,求出利润总额。多步式也称逐步报告式利润表。这种格式的利润表按照企业利润的构成内容,分层次、分步骤地逐步逐项计算编制,按构成要素,将利润计算分成三个步骤:第一步,从主营业务收入出发,减去主营业务成本、主营业务税金及附加、营业费用、管理费用、财务费用,加上公允价值变动收益、投资收益,计算得出主营业务利润;第二步,以营业利润为基础,加上营业外收入,减去营业外支出,计算得出利润总额;第三步,以利润总额为基础,减去所得税,计算得出净利润。

多步式利润表便于了解企业利润构成及各项目盈利能力,评价企业各部门的业绩。

我国企业会计制度规定的利润表格式就是多步式利润表,格式如表10-4所示。

表 10-4 利 润 表 会企 02 表

编制单位: ____年____月 单位:元

项　目	本期金额	上期金额
一、营业收入		
减:营业成本		
营业税金及附加		
销售费用		
管理费用		
财务费用		
资产减值损失		
加:公允价值变动收益(损失以"-"号填列)		
投资收益(损失以"-"号填列)		
其中:对联营企业和合营企业的投资收益		
二、营业利润(亏损以"-"号填列)		
加:营业外收入		
减:营业外支出		
其中:非流动资产处置损失		
三、利润总额(亏损总额以"-"号填列)		
减:所得税		
四、净利润(净亏损以"-"号填列)		
五、每股收益:		
(一)基本每股收益		
(二)稀释每股收益		

三、利润表的编制原理

利润表中"上期金额"栏内各项数字,应根据上期利润表"本期金额"栏内所列数字填列。利润表中的"本期金额"栏反映各项目的本期实际发生数,主要根据损益类账户的发生额分析填列,采用"账结法"计算利润的情况下,各损益类账户结转到"本年利润"账户的数额就是当期利润表上相应项目应填报的数额,也就是结转利润前的净发生额,如"营业收入"、"营业成本"、"营业税金及附加"、"营业费用"、"管理费用"、"财务费用"、"投资收益"、"营业外收入"、"营业外支出"、"所得税"等项目。"基本每股收益"和"稀释每股收益"项目,应当根据每股收益准则的规定计算的金额填列。

上述项目填列完毕后,其余项目可根据表内各项目的衔接关系计算填列。利润表实质上是利润计算公式的表格化,表内各项目之间的关系可用下列公式表示:

营业利润=营业收入-营业成本-营业税金及附加-营业费用-管理费用-财务费用+公允价值变动收益+投资收益

利润总额=营业利润+营业外收入-营业外支出

净利润=利润总额-所得税

在编报年度报表时,应将"上期金额"栏改为"上年金额"栏,填列上年全年累计实际发生额。如果上年度利润表规定的各个项目的名称和内容同本年度不相一致,应对上年度利润表各项目的名称和数字按本年度的规定进行调整,填入"上年金额"栏内。

第四节　现金流量表的编制

一、现金流量表的概念

相关链接:
"蓝田股份"事件就是刘姝威教授从分析该公司现金流量中发现重大问题的。

现金流量表是反映企业在一定会计期间现金和现金等价物流入和流出的会计报表。现金,指企业库存现金、银行存款、其他货币资金和现金等价物。现金等价物,指企业持有的期限短、流动性强、易于转换为已知金额现金、价值变动风险很小的投资。编制现金流量表的目的,是为会计报表使用者提供企业一定会计期间内现金和现金等价物流入与流出的信息,以便于报表使用者了解和评价企业获取现金与现金等价物的能力,并据以预测企业未来现金流量。

二、现金流量表的结构

现金流量表基本内容包括三个方面:一是经营活动所产生的现金流量;二是投资活动产生的现金流量;三是筹资活动产生的现金流量。

(一)经营活动产生的现金流量

经营活动是指企业投资活动和筹资活动以外的所有交易和事项。经营活动流入的现金主要包括:(1)销售商品、提供劳务收到的现金;(2)收到的税费返还;(3)收到的其他与经营有关的现金。经营活动流出的现金主要包括:(1)购买商品、接受劳务支付的现金;(2)支付给职工以及为职工支付的现金;(3)支付的各项税费;(4)支付的其他与经营活动有关的现金。

提示:
现金流量表是静态、动态相结合的报表。

(二)投资活动产生的现金流量

投资活动是指企业长期资产的购建和不包括在现金等价物范围内的投资及其处置活动。 投资活动流入的现金主要包括: (1) 收回投资所收到的现金; (2)取得投资收益所收到的现金;(3)处置固定资产、无形资产和其他长期资产所收回的现金净额;(4)收到的其他与投资活动有关的现金。投资活动流出的现金主要包括:(1)购建固定资产、无形资产和其他长期资产所支付的现金;(2)投资所支付的现金;(3)支付的其他与投资活动有关的现金。

(三)筹资活动产生的现金流量

筹资活动是指导致企业资本及债务规模和构成发生变化的活动。筹资活动流入的现金主要包括:(1)吸收投资所收到的现金;(2)取得借款所收到的现金;(3)收到的其他与筹资活动有关的现金。筹资活动流出的现金主要包括:(1)偿还债务所支付的现金;(2)分配股利、利润或偿付利息所支付的现金;(3)支付的其他与筹资活动有关的现金。

三、现金流量表格式

现金流量表格式分别一般企业、商业银行、保险公司、证券公司等企业类型予以规定。企业应当根据其经营活动的性质,确定本企业适用的现金流量表格式。一般企业现金流量表格式如表10-5所示。

表 10-5　　现 金 流 量 表　　会企 03 表

编制单位:　　____年____月　　单位:元

项　　目	本期金额	上期金额
一、经营活动产生的现金流量:		
销售商品、提供劳务收到的现金		
收到的税费返还		
收到其他与经营活动有关的现金		
经营活动现金流入小计		
购买商品、接受劳务支付的现金		
支付给职工以及为职工支付的现金		
支付的各项税费		
支付其他与经营活动有关的现金		
经营活动现金流出小计		
经营活动产生的现金流量净额		
二、投资活动产生的现金流量:		

续表

项　　目	本期金额	上期金额
收回投资收到的现金		
取得投资收益收到的现金		
处置固定资产、无形资产和其他长期资产收回的现金净额		
处置子公司及其他营业单位收到的现金净额		
收到其他与投资活动有关的现金		
投资活动现金流入小计		
购建固定资产、无形资产和其他长期资产支付的现金		
投资支付的现金		
取得子公司及其他营业单位支付的现金净额		
支付其他与投资活动有关的现金		
投资活动现金流出小计		
投资活动产生的现金流量净额		
三、筹资活动产生的现金流量：		
吸收投资收到的现金		
取得借款收到的现金		
收到其他与筹资活动有关的现金		
筹资活动现金流入小计		
偿还债务支付的现金		
分配股利、利润或偿付利息支付的现金		
支付其他与筹资活动有关的现金		
筹资活动现金流出小计		
筹资活动产生的现金流量净额		
四、汇率变动对现金及现金等价物的影响		
五、现金及现金等价物净增加额		
加：期初现金及现金等价物余额		
六、期末现金及现金等价物余额		

四、现金流量表的编制原理

注意：
现金流量表遵循的是收付实现制。

现金流量表的编制基础是收付实现制。编制现金流量表时，经营活动产生的现金流量的列报方法有两种：直接法和间接法。

1. 直接法是通过现金流入和流出的主要类别直接反映企业经营活动产生的现金流量。一般是以利润表中“营业收入”、“营业成本”等的数据为基础，将收入调整为实际收现数，将费用也按权责发生制调整为实际付现数，计算出经营活动产生的现金流量。

2. 间接法是以利润表上的净利润为起点，以是否影响现金流动为标准进行调整，将减少净收益但不减少现金的项目重新加入净收益中，将增加净收益但不增加现金的项目从净收益中扣除，据此计算出经营活动的现金流量。《企业会计制度——现金流量表》规定企业应采用直接法报告经营活动的现金流量。

现金流量表各个项目的具体填列方法将在“中级财务会计”课程中介绍。

第五节 所有者权益变动表的编制

一、所有者权益变动表的概念

所有者权益变动表是反映企业年末所有者权益(或股东权益)变动情况的会计报表。所有者权益变动表在一定程度上体现企业综合收益的特点,除列示直接计入所有者权益的利得和损失外,同时包含最终属于所有者权益变动的净利润,从而构成企业的综合收益。

二、所有者权益变动表的结构

原先作为资产负债表附表的股东权益表动表,主要按照股东权益的组成项目列示,包括股本、资本公积、法定和任意盈余公积、法定公益金、未分配利润。而作为新会计准则中提升为四大主表之一的股东权益变动表,则是根据股东权益变动的性质,分别按照当期净利润、直接计入股东权益的利得和损失项目、股东投入资本和向股东分配利润、提取盈余公积等情况分析填列。其格式如表10-6所示。

表 10-6 所有者权益变动表 会企 04 表

编制单位: ——年度 单位:元

项目	本年金额						上年金额					
	实收资本(或股本)	资本公积	减:库存股	盈余公积	未分配利润	所有者权益合计	实收资本(或股本)	资本公积	减:库存股	盈余公积	未分配利润	所有者权益合计
一、上年年末余额												
加:会计政策变更												
前期差错更正												
二、本年年初余额												
三、本年增减变动金额(减少以“-”号填列)												
(一)净利润												
(二)直接计入所有者权益的利得和损失												
1.可供出售金融资产公允价值变动净额												
2.权益法下被投资单位其他所有者权益变动的影响												

续表

项　目	本年金额						上年金额					
	实收资本（或股本）	资本公积	减:库存股	盈余公积	未分配利润	所有者权益合计	实收资本（或股本）	资本公积	减:库存股	盈余公积	未分配利润	所有者权益合计
3. 与计入所有者权益项目相关的所得税影响												
4. 其他												
上述(一)和(二)小计												
(三)所有者投入和减少资本												
1. 所有者投入资本												
2. 股份支付计入所有者权益的金额												
3. 其他												
(4)利润分配												
1. 提取盈余公积												
2. 对所有者(或股东)的分配												
3. 其他												
(五)所有者权益内部结转												
1. 资本公积转增资本(或股本)												
2. 盈余公积转增资本(或股本)												
3. 盈余公积弥补亏损												
4. 其他												
四、本年年末余额												

三、所有者权益变动表的填制方法

所有者权益变动表各项目应当根据当期净利润、直接计入所有者权益的利得和损失项目、所有者投入资本和向所有者分配利润、提取盈余公积等情况分析填列。直接计入当期损益的利得和损失应包含在净利润中；直接计入所有者权益的利得和损失，主要包括可供出售金融资产公允价值变动净额、现金流量套期工具公允价值变动净额等，单列项目反映。

第六节　财务报表分析与利用

一、财务报表分析的概念

财务报表分析就是利用财务报表所提供的会计信息，采用一定的分析方法，对企业的财务状况、经营成果及现金流量做出评价、判断和预测的过程。

企业会计信息的服务对象主要是投资人、债权人、政府等。从使用者的角度来说，最重要、最基本的会计信息是对决策有用的信息，主要是指信息的相关性和可靠性。相关性要求企业提供的会计信息能够反映企业的财务状况、经营成果和现金流量；可靠性要求企业的会计核算应当以实际发生的交易或事项为依据。

二、财务报表分析的方法

财务报表分析的方法主要有比较分析法、比率分析法等。

(一)比较分析法

比较分析法是将实际达到的数据同特定的各种标准进行比较，从数量上确定其差异，并进行差异分析或趋势分析的一种分析方法。比较分析法具体分为两种：横向比较法和纵向比较法。

注意：财务报表的分析是一个运用多种方法的过程。比起单个分析方法，分析人员的判断力更为重要。

1. 横向比较法。横向比较又称水平分析法，是指将达到的结果同某一标准，包括某一期或数期财务报表中相同的实际数据进行比较的方法，可以采用绝对数比较，也可以采用相对数比较。

如某企业2004年度的净利润为240万元，2003年度的净利润为200万元，对企业连续两年的净利润进行比较，净利润增长了40万元，增长率为120%，增长了20%。可见横向比较法可以利用企业考核年度的净利润与上年净利润的数据，分析其净利润的增长或下降趋势和幅度。这是一种简单的横向比较，常用于差异分析，也可以利用企业连续几年的数据进行趋势分析。

横向比较法经常采用的一种形式是编制比较财务报表。这种比较财务报表可以选取相近年度的有关数据并列编制。

2. 纵向比较法。纵向比较法又称动态分析法，是以资产负债表、利润表等财务报表中的某些项目的基年数为基数计算百分比，进行分析比较的方法。

例如，要了解某年度的财务结构状况，就是以资产负债表中的资产总额为基数，计算出各项目占资产的百分比；而利润表则以主营业务收入总额为基数，计算出各项目占主营业务收入的百分比，并以此对企业的财务状况和经营成果做出判断和评价。这种财务报表采用百分比表示，是纵向分析的一种重要形式。

(二)比率分析法

比率分析法是指通过计算相关指标的比率来反映会计指标之间相互关系的方法。按照分析的目的不同，可以分为偿债能力分析、营运能力分析和获利能力分析三类。

企业的债权人关心的是债务人的现在和未来偿债能力，他们就着重于企业的偿债能力的分析。投资者关心的是投资回报，他们就着重于企业的获利能力分析。虽然两者分析的对象不同，但这两者都与企业的获利能力密切相关。通常情况下，各指标项目之间相辅相成，并不孤立，企业获利能力强，债权人获得利息的资金就有保障，风险小；同时，投资人的回报也会得到保障。与之相关，支撑企业获利能力和偿债能力的另一因素是企业资产的运营效率。运营效率高，表示资产周转速度快，企业获利能力和偿债能力增强；反之，这两种能力就会降低。比率分析法的优点是计算简便，通俗易懂，但不便于评价一个企业的综合水平。

以上是企业常用的两种基本分析方法，可以帮助财务报表使用者进行基本的判断、评价。然而，财务会计报表分析是综合性和复杂性的分析，需要使用者运用各种分析方法，考虑多方面的因素，才能做出可靠的判断和评价。

三、财务报表分析的常用指标

注意：

企业长期和短期偿债能力应用不同的指标分析。

根据企业财务报表使用者的目的，企业财务报表主要分析的是企业的偿债能力、获利能力及营运能力等项目。

（一）偿债能力分析

偿债能力表示企业偿还债务的能力，分为短期偿债能力和长期偿债能力。影响短期偿债能力的因素主要有流动资产和流动负债的关系以及资产的变现速度。因此，短期偿债能力的分析是对企业流动资产和流动负债的分析，常用的分析指标有流动比率、速动比率、现金比率等。长期偿债能力分析是对企业承受债务和偿还债务能力的分析，主要考虑的因素是按期支付利息和到期还本以及偿债资金来源等，常用的指标有资产负债率、负债与股东权益比率、利息保障倍数等。

1. 流动比率。又称营运资金比率，它反映每元流动负债有多少流动资产可以作为偿还债务的保证。其计算公式为：

流动比率=流动资产/流动负债

通常情况下，流动比率越高，反映企业短期偿债能力越强，债权人的权益越有保障，风险越小。但流动比率过高，表明企业流动资产占用较多，影响资产的使用效率和获利能力，同时，可能存在应收账款和存货过多的情况。分析流动比率的高低需结合不同行业的性质，行业性质不同，其流动比率存在一定的差别。一般说，企业正常的流动比率在2左右为好。

2. 速动比率。是企业速动资产与流动负债的比率，是衡量企业短期偿债能力的另一项指标，是反映企业流动资产中剔除了存货等变现性相对较差资产后可以立即偿还债务的能力。其计算公式为：

速动比率=速动资产/流动负债=（流动资产-存货）/流动负债

速动比率大，说明企业短期偿债能力强；速动比率小，偿债能力弱。一般认为，正常的速动比率在1左右为好，但这也是一般的看法，不存在统一的标准，应具体情况具体分析。

3. 现金比率。是企业现金类资产与流动负债的比率。现金类资产包括企业拥有的货币资金和持有的准备在一年内变现的有价证券，它等于速动资产扣除应收账款。现金比率指标最能反映企业直接偿付流动负债的能力。其计算公式如下：

现金比率=（货币资金+有价证券）/流动负债

现金比率高，反映企业偿债能力强，反之则说明偿债能力差。一般认为现金比率在0.2以上为好。

4. 资产负债率。又称负债比率，是企业负债总额与资产总额的比率，表示在企业总资产中债权人提供资金所占的比重以及企业资产对债权人权益的保障程度。它是反映企业长期偿债能力的重要指标。其计算公式为：

资产负债率=资产总额/负债总额×100%

对债权人而言，负债比率越低越好，说明负债占企业全部资产的比重较小，债权人的风险就小，其债权的保障程度就高。一般情况下，30%左右的负债率比较稳健。债权人应根据债务人的财务状况和获利能力正确分析、预测负债比率，以保障自身的权益。

5. 利息保障倍数。利息保障倍数是指企业生产经营所获得的息税前利润与利息费用的比率，以此衡量企业偿还负债利息的能力的一项指标。其计算公式为：

利息保障倍数=本期净利润+所得税+利息费用/利息费用

公式中的利息费用包括流动负债利息，也包括资本化的全部长期负债利息。公式中的分子本期净利润加所得税和利息费用又称息税前利润，企业所获得的息税前利润对利息费用的倍数越高，说明企业支付利息的能力越强。要维持企业正常偿债能力，利息保障倍数至少应大于1，如果利息保障倍数小于1，则说明偿还利息存在困难，债权人承担的风险较大，其权益可能会收到影响。此时，债权人应提高关注度，并采取必要的措施维护自身权益。

(二)获利能力分析

获利能力就是企业获得利润的能力。对企业而言，获利能力与偿债能力同等重要。获利能力指标是反映企业赚取利润、衡量经营业绩的指标，主要包括销售净利率、资产报酬率及净资产收益率等。

1. 销售净利率。是企业本期净利润与销售收入净额的比率，是反映每元销售收入净额所能产生的净利润指标。其计算公式为：

销售净利率=本期净利润/销售收入净额×100%

2. 资产报酬率。是企业本期息税前利润对资产平均总额的比率，是衡量企业运用总资产获取利润的能力指标。其计算公式为：

资产报酬率=息税前利润/资产平均总额×100%

$$=\frac{(\text{净利润}+\text{所得税}+\text{利息费用})}{(\text{期初资产总额}+\text{期末资产总额})/2}\times 100\%$$

计算评价企业的总资产报酬率需要与前期的比率和其他企业的比率进行比较分析，以判断企业获利能力的强弱。同时，为衡量企业运用资产的获利能力，分子中应将本期实际发生的利息费用予以加回。

3. 净资产收益率。又称权益报酬率，是净利润与净资产平均余额的比率，它是立足于所有者权益的角度来考核其获利能力的。其计算公式为：

净资产收益率=净利润/净资产平均余额×100%

其中：净资产平均余额=(年初净资产+年末净资产)/2

通过对净资产收益率指标的分析，可以判断企业的投资效益，而且也能体现企业管理水平的高低、财务成果的好坏。因此，所有者对于净资产收益率非常重视，因为该项指标直接关系到投资人投入资本的获利能力。

（三）营运能力分析

营运能力是指通过与资产周转速度有关的指标反映企业经营、管理和使用资产的能力。营运能力指标主要反映企业资产的周转状况。一般地，资产利用效率高，资产周转速度和资产变现的速度也较快，企业获取收入和利润的机会也就会越多，偿债能力和获利能力就会增强。营运能力分析常用的指标有应收账款周转率、存货周转率等。

1. 应收账款周转率。应收账款周转率是指赊销收入与应收账款平均余额的比率，以反映企业应收账款的变现速度，即一定时期内应收账款转为现金的平均次数。

应收账款周转率（次数）=赊销收入/应收账款平均余额×100%

其中：应收账款平均余额=（期初应收账款净额+期末应收账款净额）/2

在计算应收账款周转率时，注意时期的一致性，即如果赊销收入是全年数，则应收账款平均余额也是年平均数；如赊销收入为季度、月度数，则应收账款平均余额也相应地按季、按月计算。应收账款周转率越快，周转所需时间就越短，应收账款回收速度就越快，也说明企业信用管理的效率较高，企业可以减少或避免坏账的发生，同时也反映出企业的资产流动性较强，短期偿债能力较高。

注意：
存货的周转有淡季、旺季之分。

2. 存货周转率。存货周转率是指企业销售成本与存货平均余额的比率，以反映企业存货的变现能力和存货数额是否合理，是衡量企业生产环节或销售环节中存货运营效率的一个综合性指标。

存货周转率=销售成本/存货平均余额×100%

其中：存货平均余额=（期初存货余额+期末存货余额）/2

计算存货周转率时，也应注意指标的时间一致性，企业可以根据要求分别按年、季、月计算年、季、月的存货周转率。存货周转率越高，说明企业存货管理效率越好，存货变现能力就越强，存货积压的风险相对就越低，在销售利润率同等的情况下，赚取利润的能力也就越强；但是，过高的存货周转率可能说明采购次数过于频繁，订货量小，采购成本会因此增大，甚至出现存货不足的现象，影响正常的生产经营。

存货是企业资产的重要组成部分，存货周转的快慢、质量的好坏，直接影响到企业的运营效率的优劣。

以上是利用资产负债表和利润表中的具体数据，通过对企业相关各项目指标的计算，帮助报表使用者分析、评价企业的偿债能力、盈利能力以及运营能力等方面的情况，如果某企业同时还提供了“现金流量表”，则可以进一步结合现金流量数据计算有关的指标，分析企业收现能力，如经营活动净现金比率、销售收现率、资产的经营现金流量回报率等，以利于报表使用者做出更准确的判断和评价。

自我检测

本章的学习已全部完成,请检验以下学习目标你是否达到了:

- 正确说明财务报表的概念及其编制作用;
- 了解编制财务报表的要求;
- 掌握资产负债表的结构及其主要内容;
- 理解和掌握资产负债表的四种填制方法;
- 明确利润表的概念及其作用;
- 明确编制现金流量表的必要性;
- 理解和掌握应交增值税明细表的填制方法;
- 掌握财务报表分析的两种主要方法。

第十一章　会计工作的组织

第一节　会计工作的组织概述

一、会计工作组织的意义

会计工作包括企业经济事项数据的采集、输入和会计机构内部的信息处理，成套的会计信息资料的输出，企业经济信息的预测，计划的制定，生产经营活动的控制，工作质量的考核以及为企业经营分析决策，所有会计资料诸如会计凭证、账簿和财务报表的整理归档。会计工作是一项系统工程，必须具有系统的组织，包括一定的会计工作的组织机构和管理。

完整的会计工作组织机构是会计工作正常、有效进行的必要保证。会计工作是一项繁杂、细致的经济管理工作，从原始凭证的取得、会计凭证的填制汇总、账簿的登记到报表的编制，直至会计资料整理归档，中间过程较多，涉及众多的部门和人员。只有建立一定的会计工作组织机构，会计工作才能有条不紊地进行，会计工作质量才有望得到保证。

科学地组织和管理会计工作，是使会计工作系统正常运行的保证。

二、组织会计工作的要求

要使会计工作达到一定的质量要求以及工作效率，组织会计工作应遵循一定的要求，也即应遵循会计工作的一些基本规律，它们是：

1. 合规性要求。组织会计工作必须按照《会计法》、会计准则、会计制度以及其他相关会计法规制度对会计工作的要求，坚决贯彻国家有关财经法规、纪律和制度，进行会计核算，实行会计监督，使企事业单位加强经济管理，提高单位经济效益。

2. 统一性和灵活性相结合的要求。组织会计工作在大政方针上，如有关会计人员的职权、职称的规定，不管是哪一级单位，都应该保持统一，但在具体会计工作的实施过程中，各单位可根据各自的特点、经济管理的需要，具体设置本单位的会计机构，人员配备也可以因地制宜，不必统一规定，体现其灵活性。

3. 实行相互制约的要求。组织会计工作时要遵循会计工作岗位内部控制制度。完善会计工作责任制，在现金出纳、会计记账、财产物资进出、实物保管、费用开支、签字核销等会计工作内容上彼此牵制，从制度上防止失误和弊端。为保证内部控制制度不流于形式，必须对会计工作进行合理分工，明确责职，各岗位上的会计人员各司其职，不串岗，不越位，使会计工作组织规范化和制度化。

提示：
实现会计工作相互制约是会计核算成果真实可信的必要前提。

4. 讲求实效的要求。讲求实效是指组织会计工作时不拘泥于形式，在保证会计工作质量的前提下，应讲求实效，尽可能节约人力、财力和物力。如在会计机构设置上应视企事业单位的规模、大小，因地制宜设置，不讲排场。在会计人员的配备上强调在保持会计工作的相互牵制性基础上，尽量精简，避免重复无效劳动，提高工作效率。会计凭证选用、会计账簿组织、会计账务处理程序、报表的设计也应因地地宜，有条件的都应引入会计电算化，改进会计操作，简化会计机构，有效地提高会计工作的质量和效率。

总之，组织会计工作质量重于形式，在保证会计工作质量的前提下，精简设置会计机构，合理、高效地配备会计人员，尽量节约人力、财力和物力。

三、会计机构

会计机构是指各企事业单位中直接组织和从事会计工作的专职机构，它是保证各单位会计工作正常进行，充分发挥会计管理职能作用的必不可少的重要条件。各单位应根据自身的规模、会计业务多少和内部管理需要设置会计机构，或在有关机构中配备专职会计人员，并指定会计主管人员。

我国管理会计工作的机构是财政部会计司，其主要职责是在财政部领导下，拟定会计法令，制定会计准则，编制会计制度，管理报批外国会计公司在我国设立常驻代表机构，会同人事部制定并实施全国会计人员专业职称考试制度。

省（直辖市）及省（直辖市）以下的地方、企业主管部门一般设厅、处、科等主管本地区或本系统所属单位的会计工作，从事制定本地区、本系统会计规章制度，领导监督和检查所属单位的会计工作，分析、考核所属单位会计工作情况，负责本地区、本系统会计人员的上岗培训、后续教育以及会计人员技术职称的评定。

基层企事业单位一般应设置财务处、科、股等会计机构，在单位领导如厂长、经理的直接领导下，负责组织、领导和从事会计事项处理工作。《中华人民共和国会计法》第三十六条规定："不具备设置条件的，可以委托经批准设立从事会计代理记账业务的中介机构代理记账。"

四、会计工作的组织形式

会计工作的组织形式是指单位组织会计工作采用的具体方式。单位决定何种会计工作组织形式时，必须根据单位规模、业务的繁简以及会计机构设置的情况来确定。会计工作的组织形式通常有集中核算组织形式和非集中核算组织形式两种。

（一）集中核算组织形式

集中核算组织形式是指单位一级设置会计机构，整个单位的主要会计事务处理工作集中在单位一级会计机构进行，其下属部门一般不进行单独核算。单位一级会计机构的会计事务处理包括经济业务的明细核算和总分类核算，报表的编制和报送，会计资料的分析、检查以及预测和决策。单位有些下属部门尽管也有会计人员，但一般只对所发生的经济业务进行原始记录，编制原始凭证并进行汇总，为集中核算提供资料。集中核算组织形式一般适用于行政、事业单位和生产规模较小的企业。采用这种核算不便于发现各部门的问题，也不能随时利用核算资料检查和控制本部门的经济活动。

（二）非集中核算组织形式

想一想：
集中核算与非集中核算的区别、分别适用于何种部门？

非集中核算组织形式又称分散核算形式，它是指单位一级设置会计机构，单位内部的下属部门设置部门二级会计机构。部门二级会计机构全面核算本部门发生的经济业务，包括明细核算、成本计算、编制和分析内部会计报表。单位一级会计机构只根据二级会计机构报来的资料进行总分类核算，编报分析整个单位的综合性会计报表，并负责指导和监督部门二级会计机构的会计工作。采用非集中核算便于分析和考核各部门的业绩，也便于随时发现各部门的问题，随时解决问题。但是，由于同时设置单位一级会计机构和部门的二级会计机构，若控制不当，容易造成人浮于事、效率不高。

应该指出的是，实行非集中核算形式单位的部门如车间、业务部门，为开展业务都拥有一笔资金，都有一定的经营管理权，但这些部门不能单独与外单位发生经济业务往来，也不能在银行开设结算账户。

另外，一个单位采用何种核算形式也不是只可以在集中和非集中核算形式选一种，各单位完全可以根据各自的需要，两种形式兼而使用。例如，对一些业务采用集中核算，另一些业务可以分散核算。根据经验，一般对现金往来、销售、物资采购、债权债务结算应采用集中核算形式，生产业务可以采用分散核算形式。

第二节 会计人员

一、会计人员的从业资格

会计人员是指在国家机关、社会团体、企事业单位和其他组织中从事财务、出纳、会计核算、会计分析等财务会计人员，包括会计机构的负责人（会计主管人员）。

由于会计人员从事现金出纳、资金核算，还肩负着单位的经济业务预测、分析和决策，对思想品德、业务素质上有着较高的要求，因此对会计人员的从业资格也作了规定。《中华人民共和国会计法》第三十八条规定："从事会计工作的人员，必须取得会计从业资格证书。担任会计机构负责人的，除取得会计从业资格证书外，还应当具备会计师以上专业技术职务资格或者从事会计工作三年以上经历。"《会计基础工作规范》第十四条规定："会计人员应当具备必要的专业知识和专业技能，熟悉国家有关法律、法规、规章和国家统一会计制度，遵守职业道德。"这些都是对会计人员从业资格的具体规定。

我国对会计人员的从业资格的规定是比较严格的，会计从业资格的取得实行考试制度，考试大纲由财政部统一制定并公布。

二、会计人员的职业道德

会计职业道德是指"在会计职业活动中应遵循的、体现会计职业特征的、调整会计职业关系的职业行为准则和规范"。财政部在1996年6月发布的《会计基础工作规范》中对会计职业道德标准做出了具体规定，其基本内容可归纳为以下几个方面：

1. 爱岗敬业，忠于职守。爱岗，就是会计人员应该热爱自己的会计工作，无论担任出纳、会计、财务，都应安心本职工作，并为工作竭尽全力；敬业，就是要对自己从事的会计工作有严肃认真的态度，全身心地投入本职工作，勇于为本职工作承担责任；忠于职守就是忠诚于自己的会计岗位，不见异思迁，在岗一天，尽一天责任。爱岗敬业，忠于职守，是会计人员做好会计工作的基本职业道德。

2. 诚实守信，坚持准则。朱镕基同志在上海国家会计学院成立时有这样的题词："诚信为本、操守为主、坚持准则、不做假账"，它很好地归纳了我国会计职业道德的又一个基本内容。所谓诚实，就是不弄虚作假，老老实实办事；守信就是言必信，行必果，讲信用，守承诺。只有这样，我们在办理会计事项时，才能严格按照会计法、会计准则和会计制度办事，会计法所不允许的我们坚决抵制，会计准则和会计制度所规定的会计人员须坚决执行，身体力行。诚实守信与坚持准则相互支持，相辅相成，只有诚实守信的人，才可能坚持准则，只有坚持准则，才是真正的诚实守信。

3. 廉洁自律，客观公正。廉洁自律，是指会计人员在工作中要洁身自好，不收受贿赂，不贪污，在金钱面前能坚持操守，奉公守法。客观公正，就是在处理会计事务时要以事实为依据，真实地记录和反映经济业务的本来面目，做到凭证合法、记录真实、核算准确，公正地开展会计管理和会计监督。廉洁自律才能客观公正，要客观公正就必须廉洁自律。

4. 提高技能，谨慎执业。会计工作是一项政策性和技能性较高的职业，它要求会计人员在工作中不断提高职业技能和专业知识。职业技能和专业知识，包括会计理论知识、会计实务操作水平和执业判断能力，以及会计人员的综合判断、对外协调沟通和知识更新能力。会计人员应具有不断更新知识、提高执业技能的意识，刻苦向上的愿望，勤学苦练、持之以恒的学习态度。会计工作是一项具有一定风险的行业，谨慎执业就是从事会计工作时要规避风险，既要把会计工作做好，又不违反政策，因此它要求会计人员在工作中要不断认真学习新法规、新知识。会计工作是一项管理工作，也是一项服务性工作，要做好信息搜集、整理工作，为管理决策者当好参谋；要善于为他人服务，必须具有强烈的文明服务意识。

5. 参与管理，强化服务。参与管理就是为企业决策者当参谋，为管理上等级出谋划策。会计的管理就是以核算、监督为基本职能，通过搜集和利用会计信息，对经济活动进行组织协调和平衡，不断提高经济效益。强化服务就是会计人员应有明确的服务意识，文明的服务态度，优良的服务质量。每个会计人员应把如何提高会计信息质量作为自己的奋斗目标，兢兢业业，忠于职守，为参与管理、服务企业尽心尽职。

第三节 会计人员的岗位、职责和权限

一、会计人员的岗位

想一想：

会计岗位是不是越多越好？哪些岗位必须分离？

会计人员的岗位在《会计基础工作规范》第十一条作了如下规定："会计工作岗位可以分为会计机构的负责人、出纳、财产物资核算、工资核算、成本费用核算、财务成果核算、资金核算、往来核算、总账报表、稽核、档案管理等。开展会计电算化和管理会计的单位，可以根据需要设置相应工作岗位，也可以与其他工作岗位相结合。"

1. 会计机构负责人岗位。该岗位主要负责组织和完成本单位财务会计工作，对外负责编报各种财务报告（表）和各种其他可公开的财务会计信息；对内组织单位内会计人员学习和贯彻党的各项经济工作方针、政策，依据财政部关于组织会计工作的法令和制度，制定本单位的各项财务制度和办法，编制财务计划、单位预算以及计划执行考核，协助领导做好各种经济决策，组织单位内会计人员的政治学习和业务知识学习以及年度考评工作。

2. 出纳员岗位。该岗位的工作职责主要是负责办理现金收付和银行存款的结算业务，登记现金和银行存款日记账，保管单位的库存现金和各种有价证券，保管空白支票、收据，还代为保管有关印鉴。

3. 财产物资核算岗位。该岗位负责与生产部门协调、制定材料物资的管理和核算办法，检查审核材料物资采购计划和供货合同，制定、落实采购资金，办理采购资金的清款和报销业务，计算确定采购成本。严格查核材料物资出入库凭证，进行材料物资明细核算。进行固定资产购建、调拨、清理报废核算，协助有关部门建立固定资产管理制度，包括固定资产的重置、修理计划。按规定计提固定资产，进行固定资产明细核算。

4. 工资核算岗位。该岗位主要负责制定工资计划，计算职工的工资奖金，进行职工工资结算以及明细核算，分析职工工资计划执行情况，控制职工工资总额支出。

5. 成本费用核算岗位。该岗位主要编制成本、费用计划，拟定成本、费用管理和核算办法，进行费用的归集、分配，计算成本，登记费用成本明细账，检查分析成本费用计划执行情况，编制有关成本执行情况报表。

6. 财务成果核算岗位。该岗位主要负责制定收入、利润计划并组织实施，预测销售情况，掌握营销状况，落实销售货款回收。计算和缴纳税利，进行应收款、收入和利润的明细核算，编制有关收入、利润方面的会计报表，并对其进行分析利用。

7. 资金岗位。该岗位主要负责筹集、调度和使用资金，因此该岗位工作人员必须了解、掌握资金市场动态，合理调度资金，满足单位对资金的需求，力求降低资金成本。

8. 往来结算岗位。该岗位主要办理其他应收、应付款项的往来结算，负责备用金定额制定、管理和核算，进行其他应收、应付款的明细核算。

9. 总账报表工作岗位。该岗位主要有三项工作：一是负责总账的登记；二是与明细账和日记账核对无误后，根据账簿记录编制财务报表；三是进行财务状况和经营成果的分析，进行财务预测，制定财务计划，参与经营决策。

10. 档案管理岗位。该岗位的职责是按照财政部关于档案管理规定，制定本单位档案管理制度，妥善保管会计档案，及时提供会计档案的查阅。

11. 稽核工作岗位。该岗位主要有两项工作：一是稽核工作的组织落实，即制定稽核工作职责，明确具体分工；二是稽核工作的操作，即审核会计凭证，进行会计账簿报表的复核。

上述会计人员的岗位是从会计工作总体上说应设置这些岗位，各单位完全可以根据实际需要与可能进行合并与分设。总之，在设置会计人员工作岗位时，应根据会计工作实际需要，尽量精简岗位，明确岗位职责。

二、会计人员的职责

会计人员在会计工作中的具体职责主要是制定本单位处理会计事项的规章、制度和办法，进行会计核算，实行会计监督，编制业务预算、财务计划和预算，考核分析财务计划和预算的执行情况。

注意：
会计人员的职责已超出账簿的记录，并延伸至管理领域。

1. 制定本单位处理会计事项的规章、制度。各单位的规模、性质不尽相同，办理会计事项的方法也不完全一致，单位的财务负责人应根据具体情况制定适应企业自身特色的处理会计事项的规章和制度，包括会计人员的岗位责任制、内部牵制制度、内审制度、财产清查制度成本计算办法、会计政策的选择、会计档案保管制度以及现金报酬制度。

2. 进行会计核算。进行会计核算是会计工作人员的基本职责，它要求会计人员认真填制和审核原始凭证，根据原始凭证编制记账凭证，登记明细账和总账，正确计算各项收入、支出、费用、成本，进行账账核对、账实核对，进行财产清查，计算出财务成果。在账证、账实、账账核对无误及财产清查的基础上，编制财务报表。

3. 实行会计监督。《中华人民共和国会计法》第二十七条规定，单位内部会计监督制度应当符合下列要求：(1) 记账人员与经济业务事项和会计事项的审批人员、经办人员、财务保管人员的职责权限应当明确，并相互分离、相互制约；(2)重大对外投资、资产处置、资金调度和其他重要经济业务事项的决策应相互监督和制约；(3)财产清查的范围、期限和组织程序应当明确；(4)对会计资料定期进行内部审计的办法和程序应当明确。

按照这些规定，会计人员应通过会计工作对本单位的各项经济业务和会计手续的合法性、合规性进行监督检查。例如，在接受原始凭证时，对不真实、不合规的原始凭证不予受理。又如当账簿记录与实物、款项不符的，应及时查明原因，如属非正常原因造成的问题，还应及时向有关领导汇报，对违反收支规定的不予受理。另外，各单位应自觉接受国家税务机关、财政部门、审计部门的监督检查，主动提供有关资料，做好配合工作。

4. 编制财务计划预算，并分析考核执行结果。财务计划、预算的编制就是企业安排落实经济活动经费开支的计划，没有经费的安排与落实，企业经济活动就如无本之源。好的财务计划、预算必须有完善的经济管理作支撑，不然最好的计划、预算也只是纸上谈兵。因此，按照各项收支制度和费用开支的范围与标准检查计划、预算的执行情况，分析考核资金使用效果，是会计人员另一项主要职责。

三、会计人员的主要权限

《中华人民共和国会计法》在规定了会计人员的主要职责的同时，也赋予会计人员相应的权限，其权限可归纳为以下几个方面：

1. 会计人员有权监管计划和预算的执行。经国家和上级部门批准的本单位应完成的计划，会计人员有权要求本单位有关部门及相关人员认真执行，并严格遵守国家有关的财经纪律、会计准则和会计制度。对不合规、不合法的经济事项，会计人员有权拒绝办理会计业务，对涉嫌不合规的行政指令，有权婉拒并请示上一级会计机构。

2. 会计人员应有权履行会计管理职能。会计人员应积极参与本单位的各项经济管理活动，如编制计划、签订合同，有权参加有关经济管理的各种业务会议，尤其对涉及企业财务活动的各项预测和决策应积极发表意见，认真履行会计管理职能。

3. 会计人员有权监督本单位的财务活动。会计人员有权监督本单位的对内、对外的各项财务收支活动，尤其对资金的使用、财产的监管、收发负有不可推卸的责任。会计人员应协助各部门制定好资金使用、财产保管等经济管理制度，并定时定期进行检查。

想一想：
如果企业领导要求会计人员做假账，你作为这个企业的会计人员应该怎么办？

会计人员履行上述职责，受到我国法律的保护。《中华人民共和国会计法》第四十六条规定：单位负责人对依法履行职责，抵制违反本法规定行为的会计人员以降级、撤职、调离工作岗位，解聘或者开除等方式实行打击报复，构成犯罪的，依法追究刑事责任；尚未构成犯罪的，由其所在单位或者有关单位依法给予行政处分。对受打击报复的会计人员，应当恢复其名誉和原有职务、级别。由此可见，任何干扰、破坏我国会计人员履行会计职责的行为都将受到法律的制裁。

第四节 会计档案

一、会计档案的概念

会计档案是指会计凭证、会计账簿和财务报告等会计核算资料，它是记录和反映单位经济业务的重要史料和证据。会计档案是在从事日常经营活动和会计处理过程中形成的，诸如会计凭证、账册、财务报告和经济合同等。

会计档案是国家档案的一个组成部分，是单位日常经济活动的佐证记录，是单位编制计划、预算的依据，也是进行经济决策的主要资料，更是明确经济责任的重要证据。各级会计机构应从制度和管理上对会计档案高度重视。制度上，档案保管应设岗专人负责，建立保管不善追究责任制度；管理上，对档案管理人员明确职责，督促检查，奖惩分明。

二、会计档案的组成

会计档案根据《会计档案管理办法》的规定，包括以下几项内容：

1. 会计凭证类。它主要由原始凭证、记账凭证（收、付、转凭证）、汇总记账凭证和其他会计凭证组成。

2. 会计账簿类。它主要由日记账、明细账、总账、备查账、固定资产卡片和其他会计账簿组成。

3. 财务报告类。它主要由月报、季报、年报，包括财务报表、附表、附注及文字说明和其他财务报告组成。

4. 其他类。它是由与单位经济活动有关的文书、契约等所组成的，诸如银行对账单，银行余额调节表，合同，有关会计档案保管、移交、销毁清册。

三、会计档案管理的基本内容

中华人民共和国财政部、国家档案局于1998年联合发布了《会计档案管理办法》，明文规定了会计档案的立卷、归档、保管、调阅和销毁等内容。

注意：
注意掌握会计档案的保管期限。

各单位以前年度的会计档案，应由会计机构按照归档要求整理、立卷并装订成册，由单位档案管理部门保管。当年的会计档案在会计年度终了后由本单位会计机构保管1年，1年后移交单位档案管理部门。

会计档案应分类保管，按类编目录或卡片，定时登记。根据《会计档案管理办法》的规定，会计档案保管有永久保留和定期保留两种，定期保管期限又分为3年、5年、10年、15年和25年五种，起始时间从会计年度终了后第一天算起。各种会计档案保存日期在《会计档案管理办法》中有详细规定，会计人员应严格按照规定的日期保管。《会计档案管理办法》规定的档案保管年限如表11–1所示。

调阅会计档案应办理调阅手续，按规定，各单位应设置会计档案调阅登记簿，详细记载调阅日期、调阅人、调阅理由、批准调阅人。未经批准，不得擅自将会计档案抄摘、复印和携带外出。如经批准复印的，应在会计档案调阅登记簿内加以记载。

超过保管期的会计档案，经领导批准可予以销毁，但必须填制销毁清册，详细记载要销毁会计档案的类别、名称、数量及所属年月等。销毁会计档案时，应有会计机构负责人和稽核人员同时在场监销，并在“会计档案销毁报告单”上签字。销毁清册及报告单要永久保存。

会计档案保管人员调动应办理正式的交接手续，以明确责任。关、停、转、并单位的会计档案要编造移交清册，及时移交给上级主管部门或指定的接收单位保管。

表 11–1　　企业和其他组织会计档案保管期限表

序　号	档案名称	保管期限	备　注
一、	会计凭证类		
1	原始凭证	15 年	
2	记账凭证	15 年	
3	汇总凭证	15 年	
二、	会计账簿类		
4	总账	15 年	包括日记总账
5	明细账	15 年	
6	日记账	15 年	现金和银行存款日记账保管 25 年
7	固定资产卡片		固定资产报废清理后保管 5 年
8	辅助账簿	15 年	
三、	财务报告类		包括各级主管部门汇总财务报告
9	月、季度财务报告	3 年	包括文字分析
10	年度财务报告(决算)	永久	包括文字分析
四、	其他类		
11	会计移交清册	15 年	
12	会计档案保管清册	永久	
13	会计档案销毁清册	永久	
14	银行余额调节表	5 年	
15	银行对账单	5 年	

自我检测

本章的学习已全部完成，请检验以下学习目标你是否达到了：

- 了解会计工作的组织形式、意义及要求；
- 理解并掌握会计人员的职业道德、职责及权限；
- 正确说明什么是会计档案，掌握会计档案的管理内容。

附录一

中华人民共和国会计法

1999年10月31日　中华人民共和国主席令第24号

（1985年1月21日第六届全国人民代表大会常务委员会第九次会议通过，根据1993年12月29日第八届全国人民代表大会常务委员会第五次会议《关于修改〈中华人民共和国会计法〉的决定》修正，1999年10月31日第九届全国人民代表大会常务委员会第十二次会议修订）

第一章　总　则

第一条　为了规范会计行为，保证会计资料真实、完整，加强经济管理和财务管理，提高经济效益，维护社会主义市场经济秩序，制定本法。

第二条　国家机关、社会团体、公司、企业、事业单位和其他组织（以下统称单位）必须依照本法办理会计事务。

第三条　各单位必须依法设置会计账簿，并保证其真实、完整。

第四条　单位负责人对本单位的会计工作和会计资料的真实性、完整性负责。

第五条　会计机构、会计人员依照本法规定进行会计核算，实行会计监督。

任何单位或者个人不得以任何方式授意、指使、强令会计机构、会计人员伪造、变造会计凭证、会计账簿和其他会计资料，提供虚假财务会计报告。

任何单位或者个人不得对依法履行职责、抵制违反本法规定行为的会计人员实行打击报复。

第六条　对认真执行本法，忠于职守，坚持原则，做出显著成绩的会计人员，给予精神的或者物质的奖励。

第七条　国务院财政部门主管全国的会计工作。

县级以上地方各级人民政府财政部门管理本行政区域内的会计工作。

第八条　国家实行统一的会计制度。国家统一的会计制度由国务院财政部门根据本法制定并公布。

国务院有关部门可以依照本法和国家统一的会计制度制定对会计核算和会计监督有特殊要求的行业实施国家统一的会计制度的具体办法或者补充规定，报国务院财政部门审核批准。

中国人民解放军总后勤部可以依照本法和国家统一的会计制度制定军队实施国家统一的会计制度的具体办法，报国务院财政部门备案。

第二章 会 计 核 算

第九条 各单位必须根据实际发生的经济业务事项进行会计核算，填制会计凭证，登记会计账簿，编制财务会计报告。

任何单位不得以虚假的经济业务事项或者资料进行会计核算。

第十条 下列经济业务事项，应当办理会计手续，进行会计核算：

（一）款项和有价证券的收付；

（二）财物的收发、增减和使用；

（三）债权债务的发生和结算；

（四）资本、基金的增减；

（五）收入、支出、费用、成本的计算；

（六）财务成果的计算和处理；

（七）需要办理会计手续、进行会计核算的其他事项。

第十一条 会计年度自公历1月1日起至12月31日止。

第十二条 会计核算以人民币为记账本位币。

业务收支以人民币以外的货币为主的单位，可以选定其中一种货币作为记账本位币，但是编报的财务会计报告应当折算为人民币。

第十三条 会计凭证、会计账簿、财务会计报告和其他会计资料，必须符合国家统一的会计制度的规定。

使用电子计算机进行会计核算的，其软件及其生成的会计凭证、会计账簿、财务会计报告和其他会计资料，也必须符合国家统一的会计制度的规定。

任何单位和个人不得伪造、变造会计凭证、会计账簿及其他会计资料，不得提供虚假的财务会计报告。

第十四条 会计凭证包括原始凭证和记账凭证。

办理本法第十条所列的经济业务事项，必须填制或者取得原始凭证并及时送交会计机构。

会计机构、会计人员必须按照国家统一的会计制度的规定对原始凭证进行审核，对不真实、不合法的原始凭证有权不予接受，并向单位负责人报告；对记载不准确、不完整的原始凭证予以退回，并要求按照国家统一的会计制度的规定更正、补充。

原始凭证记载的各项内容均不得涂改；原始凭证有错误的，应当由出具单位重开或者更正，更正处应当加盖出具单位印章。原始凭证金额有错误的，应当由出具单位重开，不得在原始凭证上更正。

记账凭证应当根据经过审核的原始凭证及有关资料编制。

第十五条 会计账簿登记，必须以经过审核的会计凭证为依据，并符合有关法律、行政法规和国家统一的会计制度的规定。会计账簿包括总账、明细账、日记账和其他辅助性账簿。

会计账簿应当按照连续编号的页码顺序登记。会计账簿记录发生错误或者隔页、缺号、跳行的，应当按照国家统一的会计制度规定的方法更正，并由会计人员和会计机构负责人(会计主管人员)在更正处盖章。

使用电子计算机进行会计核算的,其会计账簿的登记、更正,应当符合国家统一的会计制度的规定。

第十六条 各单位发生的各项经济业务事项应当在依法设置的会计账簿上统一登记、核算,不得违反本法和国家统一的会计制度的规定私设会计账簿登记、核算。

第十七条 各单位应当定期将会计账簿记录与实物、款项及有关资料相互核对,保证会计账簿记录与实物及款项的实有数额相符、会计账簿记录与会计凭证的有关内容相符、会计账簿之间相对应的记录相符、会计账簿记录与会计报表的有关内容相符。

第十八条 各单位采用的会计处理方法,前后各期应当一致,不得随意变更;确有必要变更的,应当按照国家统一的会计制度的规定变更,并将变更的原因、情况及影响在财务会计报告中说明。

第十九条 单位提供的担保、未决诉讼等或有事项,应当按照国家统一的会计制度的规定,在财务会计报告中予以说明。

第二十条 财务会计报告应当根据经过审核的会计账簿记录和有关资料编制,并符合本法和国家统一的会计制度关于财务会计报告的编制要求、提供对象和提供期限的规定;其他法律、行政法规另有规定的,从其规定。

财务会计报告由会计报表、会计报表附注和财务情况说明书组成。向不同的会计资料使用者提供的财务会计报告,其编制依据应当一致。有关法律、行政法规规定会计报表、会计报表附注和财务情况说明书须经注册会计师审计的,注册会计师及其所在的会计师事务所出具的审计报告应当随同财务会计报告一并提供。

第二十一条 财务会计报告应当由单位负责人和主管会计工作的负责人、会计机构负责人(会计主管人员)签名并盖章;设置总会计师的单位,还须由总会计师签名并盖章。

单位负责人应当保证财务会计报告真实、完整。

第二十二条 会计记录的文字应当使用中文。在民族自治地方,会计记录可以同时使用当地通用的一种民族文字。在中华人民共和国境内的外商投资企业、外国企业和其他外国组织的会计记录可以同时使用一种外国文字。

第二十三条 各单位对会计凭证、会计账簿、财务会计报告和其他会计资料应当建立档案,妥善保管。会计档案的保管期限和销毁办法,由国务院财政部门会同有关部门制定。

第三章 公司、企业会计核算的特别规定

第二十四条 公司、企业进行会计核算,除应当遵守本法第二章的规定外,还应当遵守本章规定。

第二十五条 公司、企业必须根据实际发生的经济业务事项,按照国家统一的会计制度的规定确认、计量和记录资产、负债、所有者权益、收入、费用、成

本和利润。

第二十六条　公司、企业进行会计核算不得有下列行为：

（一）随意改变资产、负债、所有者权益的确认标准或者计量方法，虚列、多列、不列或者少列资产、负债、所有者权益；

（二）虚列或者隐瞒收入，推迟或者提前确认收入；

（三）随意改变费用、成本的确认标准或者计量方法，虚列、多列、不列或者少列费用、成本；

（四）随意调整利润的计算、分配方法，编造虚假利润或者隐瞒利润；

（五）违反国家统一的会计制度规定的其他行为。

第四章　会 计 监 督

第二十七条　各单位应当建立、健全本单位内部会计监督制度。单位内部会计监督制度应当符合下列要求：

（一）记账人员与经济业务事项和会计事项的审批人员、经办人员、财物保管人员的职责权限应当明确，并相互分离、相互制约；

（二）重大对外投资、资产处置、资金调度和其他重要经济业务事项的决策和执行的相互监督、相互制约程序应当明确；

（三）财产清查的范围、期限和组织程序应当明确；

（四）对会计资料定期进行内部审计的办法和程序应当明确。

第二十八条　单位负责人应当保证会计机构、会计人员依法履行职责，不得授意、指使、强令会计机构、会计人员违法办理会计事项。

会计机构、会计人员对违反本法和国家统一的会计制度规定的会计事项，有权拒绝办理或者按照职权予以纠正。

第二十九条　会计机构、会计人员发现会计账簿记录与实物、款项及有关资料不相符的，按照国家统一的会计制度的规定有权自行处理的，应当及时处理；无权处理的，应当立即向单位负责人报告，请求查明原因，作出处理。

第三十条　任何单位和个人对违反本法和国家统一的会计制度规定的行为，有权检举。收到检举的部门有权处理的，应当依法按照职责分工及时处理；无权处理的，应当及时移送有权处理的部门处理。收到检举的部门、负责处理的部门应当为检举人保密，不得将检举人姓名和检举材料转给被检举单位和被检举人个人。

第三十一条　有关法律、行政法规规定，须经注册会计师进行审计的单位，应当向受委托的会计师事务所如实提供会计凭证、会计账簿、财务会计报告和其他会计资料以及有关情况。

任何单位或者个人不得以任何方式要求或者示意注册会计师及其所在的会计师事务所出具不实或者不当的审计报告。

财政部门有权对会计师事务所出具审计报告的程序和内容进行监督。

第三十二条　财政部门对各单位的下列情况实施监督：

（一）是否依法设置会计账簿；

（二）会计凭证、会计账簿、财务会计报告和其他会计资料是否真实、完整；

（三）会计核算是否符合本法和国家统一的会计制度的规定；

（四）从事会计工作的人员是否具备从业资格。

在对前款第（二）项所列事项实施监督，发现重大违法嫌疑时，国务院财政部门及其派出机构可以向与被监督单位有经济业务往来的单位和被监督单位开立账户的金融机构查询有关情况，有关单位和金融机构应当给予支持。

第三十三条　财政、审计、税务、人民银行、证券监管、保险监管等部门应当依照有关法律、行政法规规定的职责，对有关单位的会计资料实施监督检查。

前款所列监督检查部门对有关单位的会计资料依法实施监督检查后，应当出具检查结论。有关监督检查部门已经作出的检查结论能够满足其他监督检查部门履行本部门职责需要的，其他监督检查部门应当加以利用，避免重复查账。

第三十四条　依法对有关单位的会计资料实施监督检查的部门及其工作人员对在监督检查中知悉的国家秘密和商业秘密负有保密义务。

第三十五条　各单位必须依照有关法律、行政法规的规定，接受有关监督检查部门依法实施的监督检查，如实提供会计凭证、会计账簿、财务会计报告和其他会计资料以及有关情况，不得拒绝、隐匿、谎报。

第五章　会计机构和会计人员

第三十六条　各单位应当根据会计业务的需要，设置会计机构，或者在有关机构中设置会计人员并指定会计主管人员；不具备设置条件的，应当委托经批准设立从事会计代理记账业务的中介机构代理记账。

国有的和国有资产占控股地位或者主导地位的大、中型企业必须设置总会计师。总会计师的任职资格、任免程序、职责权限由国务院规定。

第三十七条　会计机构内部应当建立稽核制度。

出纳人员不得兼任稽核、会计档案保管和收入、支出、费用、债权债务账目的登记工作。

第三十八条　从事会计工作的人员，必须取得会计从业资格证书。

担任单位会计机构负责人（会计主管人员）的，除取得会计从业资格证书外，还应当具备会计师以上专业技术职务资格或者从事会计工作三年以上经历。

会计人员从业资格管理办法由国务院财政部门规定。

第三十九条　会计人员应当遵守职业道德，提高业务素质。对会计人员的教育和培训工作应当加强。

第四十条　因有提供虚假财务会计报告，做假账，隐匿或者故意销毁会计凭证、会计账簿、财务会计报告，贪污，挪用公款，职务侵占等与会计职务有关的违法行为被依法追究刑事责任的人员，不得取得或者重新取得会计从业资格证书。

除前款规定的人员外，因违法违纪行为被吊销会计从业资格证书的人员，自被吊销会计从业资格证书之日起五年内，不得重新取得会计从业资格证书。

第四十一条　会计人员调动工作或者离职，必须与接管人员办清交接手续。

一般会计人员办理交接手续，由会计机构负责人(会计主管人员)监交；会计机构负责人(会计主管人员)办理交接手续，由单位负责人监交，必要时主管单位可以派人会同监交。

第六章 法律责任

第四十二条 违反本法规定，有下列行为之一的，由县级以上人民政府财政部门责令限期改正，可以对单位并处三千元以上五万元以下的罚款；对其直接负责的主管人员和其他直接责任人员，可以处二千元以上二万元以下的罚款；属于国家工作人员的，还应当由其所在单位或者有关单位依法给予行政处分：

(一)不依法设置会计账簿的；

(二)私设会计账簿的；

(三)未按照规定填制、取得原始凭证或者填制、取得的原始凭证不符合规定的；

(四)以未经审核的会计凭证为依据登记会计账簿或者登记会计账簿不符合规定的；

(五)随意变更会计处理方法的；

(六)向不同的会计资料使用者提供的财务会计报告编制依据不一致的；

(七)未按照规定使用会计记录文字或者记账本位币的；

(八)未按照规定保管会计资料，致使会计资料毁损、灭失的；

(九)未按照规定建立并实施单位内部会计监督制度或者拒绝依法实施的监督或者不如实提供有关会计资料及有关情况的；

(十)任用会计人员不符合本法规定的。

有前款所列行为之一，构成犯罪的，依法追究刑事责任。

会计人员有第一款所列行为之一，情节严重的，由县级以上人民政府财政部门吊销会计从业资格证书。

有关法律对第一款所列行为的处罚另有规定的，依照有关法律的规定办理。

第四十三条 伪造、变造会计凭证、会计账簿，编制虚假财务会计报告，构成犯罪的，依法追究刑事责任。

有前款行为，尚不构成犯罪的，由县级以上人民政府财政部门予以通报，可以对单位并处五千元以上十万元以下的罚款；对其直接负责的主管人员和其他直接责任人员，可以处三千元以上五万元以下的罚款；属于国家工作人员的，还应当由其所在单位或者有关单位依法给予撤职直至开除的行政处分；对其中的会计人员，并由县级以上人民政府财政部门吊销会计从业资格证书。

第四十四条 隐匿或者故意销毁依法应当保存的会计凭证、会计账簿、财务会计报告，构成犯罪的，依法追究刑事责任。

有前款行为，尚不构成犯罪的，由县级以上人民政府财政部门予以通报，可以对单位并处五千元以上十万元以下的罚款；对其直接负责的主管人员和其他直接责任人员，可以处三千元以上五万元以下的罚款；属于国家工作人员的，还应当由其所在单位或者有关单位依法给予撤职直至开除的行政处分；对其中的会计人员，并由县级以上人民政府财政部门吊销会计从业资格证书。

第四十五条　授意、指使、强令会计机构、会计人员及其他人员伪造、变造会计凭证、会计账簿，编制虚假财务会计报告或者隐匿、故意销毁依法应当保存的会计凭证、会计账簿、财务会计报告，构成犯罪的，依法追究刑事责任；尚不构成犯罪的，可以处五千元以上五万元以下的罚款；属于国家工作人员的，还应当由其所在单位或者有关单位依法给予降级、撤职、开除的行政处分。

第四十六条　单位负责人对依法履行职责、抵制违反本法规定行为的会计人员以降级、撤职、调离工作岗位、解聘或者开除等方式实行打击报复，构成犯罪的，依法追究刑事责任；尚不构成犯罪的，由其所在单位或者有关单位依法给予行政处分。对受打击报复的会计人员，应当恢复其名誉和原有职务、级别。

第四十七条　财政部门及有关行政部门的工作人员在实施监督管理中滥用职权、玩忽职守、徇私舞弊或者泄露国家秘密、商业秘密，构成犯罪的，依法追究刑事责任；尚不构成犯罪的，依法给予行政处分。

第四十八条　违反本法第三十条规定，将检举人姓名和检举材料转给被检举单位和被检举人个人的，由所在单位或者有关单位依法给予行政处分。

第四十九条　违反本法规定，同时违反其他法律规定的，由有关部门在各自职权范围内依法进行处罚。

附录二

会计基础工作规范

1996年6月17日　财政部发布

第一章　总　　则

第一条　为了加强会计基础工作，建立规范的会计工作秩序，提高会计工作水平，根据《中华人民共和国会计法》的有关规定，制定本规范。

第二条　国家机关、社会团体、企业、事业单位、个体工商户和其他组织的会计基础工作，应当符合本规范的规定。

第三条　各单位应当依据有关法律、法规和本规范的规定，加强会计基础工作，严格执行会计法规制度，保证会计工作依法有序地进行。

第四条　单位领导人对本单位的会计基础工作负有领导责任。

第五条　各省、自治区、直辖市财政厅(局)要加强对会计基础工作的管理和指导，通过政策引导、经验交流、监督检查等措施，促进基层单位加强会计基础工作，不断提高会计工作水平。

国务院各业务主管部门根据职责权限管理本部门的会计基础工作。

第二章　会计机构和会计人员

第一节　会计机构设置和会计人员配备

第六条　各单位应当根据会计业务的需要设置会计机构；不具备单独设置会计机构条件的，应当在有关机构中配备专职会计人员。

事业行政单位会计机构的设置和会计人员的配备，应当符合国家统一事业行政单位会计制度的规定。

设置会计机构，应当配备会计机构负责人；在有关机构中配备专职会计人员，应当在专职会计人员中指定会计主管人员。

会计机构负责人、会计主管人员的任免，应当符合《中华人民共和国会计法》和有关法律的规定。

第七条　会计机构负责人、会计主管人员应当具备下列基本条件：

(一)坚持原则，廉洁奉公；

(二)具有会计专业技术资格；

(三)主管一个单位或者单位内一个重要方面的财务会计工作时间不少于2年；

(四)熟悉国家财经法律、法规、规章和方针、政策，掌握本行业业务管理的有关知识；

（五）有较强的组织能力；

（六）身体状况能够适应本职工作的要求。

第八条　没有设置会计机构和配备会计人员的单位，应当根据《代理记账管理暂行办法》委托会计师事务所或者持有代理记账许可证书的其他代理记账机构进行代理记账。

第九条　大、中型企业、事业单位、业务主管部门应当根据法律和国家有关规定设置总会计师。总会计师由具有会计师以上专业技术资格的人员担任。

总会计师行使《总会计师条例》规定的职责、权限。

总会计师的任命（聘任）、免职（解聘）依照《总会计师条例》和有关法律的规定办理。

第十条　各单位应当根据会计业务需要配备持有会计证的会计人员。未取得会计证的人员，不得从事会计工作。

第十一条　各单位应当根据会计业务需要设置会计工作岗位。

会计工作岗位一般可分为：会计机构负责人或者会计主管人员，出纳，财产物资核算，工资核算，成本费用核算，财务成果核算，资金核算，往来结算，总账报表，稽核，档案管理等。开展会计电算化和管理会计的单位，可以根据需要设置相应工作岗位，也可以与其他工作岗位相结合。

第十二条　会计工作岗位，可以一人一岗、一人多岗或者一岗多人。但出纳人员不得兼管稽核、会计档案保管和收入、费用、债权债务账目的登记工作。

第十三条　会计人员的工作岗位应当有计划地进行轮换。

第十四条　会计人员应当具备必要的专业知识和专业技能，熟悉国家有关法律、法规、规章和国家统一会计制度，遵守职业道德。

会计人员应当按照国家有关规定参加会计业务的培训。各单位应当合理安排会计人员的培训，保证会计人员每年有一定时间用于学习和参加培训。

第十五条　各单位领导人应当支持会计机构、会计人员依法行使职权；对忠于职守，坚持原则，做出显著成绩的会计机构、会计人员，应当给予精神的和物质的奖励。

第十六条　国家机关、国有企业、事业单位任用会计人员应当实行回避制度。

单位领导人的直系亲属不得担任本单位的会计机构负责人、会计主管人员。会计机构负责人、会计主管人员的直系亲属不得在本单位会计机构中担任出纳工作。

需要回避的直系亲属为：夫妻关系、直系血亲关系、三代以内旁系血亲以及配偶亲属关系。

第二节　会计人员职业道德

第十七条　会计人员在会计工作中应当遵守职业道德，树立良好的职业品质、严谨的工作作风，严守工作纪律，努力提高工作效率和工作质量。

第十八条　会计人员应当热爱本职工作，努力钻研业务，使自己的知识和技能适应所从事工作的要求。

第十九条　会计人员应当熟悉财经法律、法规、规章和国家统一会计制度，并结合会计工作进行广泛宣传。

第二十条　会计人员应当按照会计法律、法规和国家统一会计制度规定的程序和要求进行会计工作，保证所提供的会计信息合法、真实、准确、及时、完整。

第二十一条　会计人员办理会计事务应当实事求是、客观公正。

第二十二条　会计人员应当熟悉本单位的生产经营和业务管理情况，运用掌握的会计信息和会计方法，为改善单位内部管理、提高经济效益服务。

第二十三条　会计人员应当保守本单位的商业秘密。除法律规定和单位领导人同意外，不能私自向外界提供或者泄露单位的会计信息。

第二十四条　财政部门、业务主管部门和各单位应当定期检查会计人员遵守职业道德的情况，并作为会计人员晋升、晋级、聘任专业职务、表彰奖励的重要考核依据。

会计人员违反职业道德的，由所在单位进行处罚；情节严重的，由会计证发证机关吊销其会计证。

第三节　会计工作交接

第二十五条　会计人员工作调动或者因故离职，必须将本人所经管的会计工作全部移交给接替人员。没有办清交接手续的，不得调动或者离职。

第二十六条　接替人员应当认真接管移交工作，并继续办理移交的未了事项。

第二十七条　会计人员办理移交手续前，必须及时做好以下工作：

（一）已经受理的经济业务尚未填制会计凭证的，应当填制完毕。

（二）尚未登记的账目，应当登记完毕，并在最后一笔余额后加盖经办人员印章。

（三）整理应该移交的各项资料，对未了事项写出书面材料。

（四）编制移交清册，列明应当移交的会计凭证、会计账簿、会计报表、印章、现金、有价证券、支票簿、发票、文件、其他会计资料和物品等内容；实行会计电算化的单位，从事该项工作的移交人员还应当在移交清册中列明会计软件及密码、会计软件数据磁盘（磁带等）及有关资料、实物等内容。

第二十八条　会计人员办理交接手续，必须有监交人负责监交。一般会计人员交接，由单位会计机构负责人、会计主管人员负责监交；会计机构负责人、会计主管人员交接，由单位领导人负责监交，必要时可由上级主管部门派人会同监交。

第二十九条　移交人员在办理移交时，要按移交清册逐项移交；接替人员要逐项核对点收。

（一）现金、有价证券要根据会计账簿有关记录进行点交。库存现金、有价证券必须与会计账簿记录保持一致。不一致时，移交人员必须限期查清。

（二）会计凭证、会计账簿、会计报表和其他会计资料必须完整无缺。如有短缺，必须查清原因，并在移交清册中注明，由移交人员负责。

（三）银行存款账户余额要与银行对账单核对，如不一致，应当编制银行存款余额调节表调节相符，各种财产物资和债权债务的明细账户余额要与总账有关账户余额核对相符；必要时，要抽查个别账户的余额，与实物核对相符，或者与往来单位、个人核对清楚。

（四）移交人员经管的票据、印章和其他实物等，必须交接清楚；移交人员从事会计电算化工作的，要对有关电子数据在实际操作状态下进行交接。

第三十条　会计机构负责人、会计主管人员移交时，还必须将全部财务会计工作、重大财务收支和会计人员的情况等，向接替人员详细介绍。对需要移交的遗留问题，应当写出书面材料。

第三十一条　交接完毕后，交接双方和监交人员要在移交注册上签名或者盖章。并应在移交注册上注明：单位名称，交接日期，交接双方和监交人员的职务、姓名，移交清册页数以及需要说明的问题和意见等。

移交清册一般应当填制一式三份，交接双方各执一份，存档一份。

第三十二条　接替人员应当继续使用移交的会计账簿，不得自行另立新账，以保持会计记录的连续性。

第三十三条　会计人员临时离职或者因病不能工作且需要接替或者代理的，会计机构负责人、会计主管人员或者单位领导人必须指定有关人员接替或者代理，并办理交接手续。

临时离职或者因病不能工作的会计人员恢复工作的，应当与接替或者代理人员办理交接手续。

移交人员因病或者其他特殊原因不能亲自办理移交的，经单位领导人批准，可由移交人员委托他人代办移交，但委托人应当承担本规范第三十五条规定的责任。

第三十四条　单位撤销时，必须留有必要的会计人员，会同有关人员办理清理工作，编制决算。未移交前，不得离职。接收单位和移交日期由主管部门确定。

单位合并、分立的，其会计工作交接手续比照上述有关规定办理。

第三十五条　移交人员对所移交的会计凭证、会计账簿、会计报表和其他有关资料的合法性、真实性承担法律责任。

第三章　会 计 核 算

第一节　会计核算一般要求

第三十六条　各单位应当按照《中华人民共和国会计法》和国家统一会计制度的规定建立会计账册，进行会计核算，及时提供合法、真实、准确、完整的会计信息。

第三十七条　各单位发生的下列事项，应当及时办理会计手续、进行会计核算：

（一）款项和有价证券的收付；

（二）财物的收发、增减和使用；

（三）债权债务的发生和结算；

（四）资本、基金的增减；

(五)收入、支出、费用、成本的计算;

(六)财务成果的计算和处理;

(七)其他需要办理会计手续、进行会计核算的事项。

第三十八条　各单位的会计核算应当以实际发生的经济业务为依据,按照规定的会计处理方法进行,保证会计指标的口径一致、相互可比和会计处理方法的前后各期相一致。

第三十九条　会计年度自公历1月1日起至12月31日止。

第四十条　会计核算以人民币为记账本位币。

收支业务以外国货币为主的单位,也可以选定某种外国货币作为记账本位币,但是编制的会计报表应当折算为人民币反映。

境外单位向国内有关部门编报的会计报表,应当折算为人民币反映。

第四十一条　各单位根据国家统一会计制度的要求,在不影响会计核算要求、会计报表指标汇总和对外统一会计报表的前提下,可以根据实际情况自行设置和使用会计科目。

事业行政单位会计科目的设置和使用,应当符合国家统一事业行政单位会计制度的规定。

第四十二条　会计凭证、会计账簿、会计报表和其他会计资料的内容和要求必须符合国家统一会计制度的规定,不得伪造、变造会计凭证和会计账簿,不得设置账外账,不得报送虚假会计报表。

第四十三条　各单位对外报送的会计报表格式由财政部统一规定。

第四十四条　实行会计电算化的单位,对使用的会计软件及其生成的会计凭证、会计账簿、会计报表和其他会计资料的要求,应当符合财政部关于会计电算化的有关规定。

第四十五条　各单位的会计凭证、会计账簿、会计报表和其他会计资料,应当建立档案,妥善保管。会计档案建档要求、保管期限、销毁办法等依据《会计档案管理办法》的规定进行。

实行会计电算化的单位,有关电子数据、会计软件资料等应当作为会计档案进行管理。

第四十六条　会计记录的文字应当使用中文,少数民族自治地区可以同时使用少数民族文字。中国境内的外商投资企业、外国企业和其他外国经济组织也可以同时使用某种外国文字。

第二节　填制会计凭证

第四十七条　各单位办理本规范第三十七条规定的事项,必须取得或者填制原始凭证,并及时送交会计机构。

第四十八条　原始凭证的基本要求是:

(一)原始凭证的内容必须具备:凭证的名称;填制凭证的日期;填制凭证单位名称或者填制人姓名;经办人员的签名或者盖章;接受凭证单位名称;经济业务内容;数量、单价和金额。

(二)从外单位取得的原始凭证,必须盖有填制单位的公章;从个人取得的原始凭证，必须有填制人员的签名或者盖章。自制原始凭证必须有经办单位领导人或者其指定的人员签名或者盖章。对外开出的原始凭证，必须加盖本单位公章。

（三）凡填有大写和小写金额的原始凭证，大写与小写金额必须相符。购买实物的原始凭证，必须有验收证明。支付款项的原始凭证，必须有收款单位和收款人的收款证明。

（四）一式几联的原始凭证，应当注明各联的用途，只能以一联作为报销凭证。

一式几联的发票和收据，必须用双面复写纸（发票和收据本身具备复写纸功能的除外）套写，并连续编号。作废时应当加盖“作废”戳记，连同存根一起保存，不得撕毁。

（五）发生销货退回的，除填制退货发票外，还必须有退货验收证明；退款时，必须取得对方的收款收据或者汇款银行的凭证，不得以退货发票代替收据。

（六）职工公出借款凭据，必须附在记账凭证之后。收回借款时，应当另开收据或者退还借据副本，不得退还原借款收据。

（七）经上级有关部门批准的经济业务，应当将批准文件作为原始凭证附件。如果批准文件需要单独归档的，应当在凭证上注明批准机关名称、日期和文件字号。

第四十九条　原始凭证不得涂改、挖补。发现原始凭证有错误的，应当由开出单位重开或者更正，更正处应当加盖开出单位的公章。

第五十条　会计机构、会计人员要根据审核无误的原始凭证填制记账凭证。

记账凭证可以分为收款凭证、付款凭证和转账凭证，也可以使用通用记账凭证。

第五十一条　记账凭证的基本要求是：

（一）记账凭证的内容必须具备：填制凭证的日期；凭证编号；经济业务摘要；会计科目；金额；所附原始凭证张数；填制凭证人员、稽核人员、记账人员、会计机构负责人、会计主管人员签名或者盖章。收款和付款记账凭证还应当由出纳人员签名或者盖章。

以自制的原始凭证或者原始凭证汇总表代替记账凭证的，也必须具备记账凭证应有的项目。

（二）填制记账凭证时，应当对记账凭证进行连续编号。一笔经济业务需要填制两张以上记账凭证的，可以采用分数编号法编号。

（三）记账凭证可以根据每一张原始凭证填制，或者根据若干张同类原始凭证汇总填制，也可以根据原始凭证汇总表填制。但不得将不同内容和类别的原始凭证汇总填制在一张记账凭证上。

（四）除结账和更正错误的记账凭证可以不附原始凭证外，其他记账凭证必须附有原始凭证。如果一张原始凭证涉及几张记账凭证，可以把原始凭证附在一张主要的记账凭证后面，并在其他记账凭证上注明附有该原始凭证的记账凭证的编号或者附原始凭证复印件。

一张原始凭证所列支出需要几个单位共同负担的，应当将其他单位负担的部分,开给对方原始凭证分割单,进行结算。原始凭证分割单必须具备原始凭证的基本内容:凭证名称、填制凭证日期、填制凭证单位名称或者填制人姓名、经办人的签名或者盖章、接受凭证单位名称、经济业务内容、数量、单价、金额和费用分摊情况等。

(五)如果在填制记账凭证时发生错误,应当重新填制。

已经登记入账的记账凭证,在当年内发现填写错误时,可以用红字填写一张与原内容相同的记账凭证,在摘要栏注明"注销某月某日某号凭证"字样,同时再用蓝字重新填制一张正确的记账凭证,注明"订正某月某日某号凭证"字样。如果会计科目没有错误,只是金额错误,也可以将正确数字与错误数字之间的差额,另编一张调整的记账凭证,调增金额用蓝字,调减金额用红字。发现以前年度记账凭证有错误的,应当用蓝字填制一张更正的记账凭证。

(六)记账凭证填制完经济业务事项后,如有空行,应当自金额栏最后一笔金额数字下的空行处至合计数上的空行处划线注销。

第五十二条 填制会计凭证,字迹必须清晰、工整,并符合下列要求:

(一)阿拉伯数字应当一个一个地写,不得连笔写。阿拉伯金额数字前面应当书写货币币种符号或者货币名称简写和币种符号。币种符号与阿拉伯金额数字之间不得留有空白。凡阿拉伯数字前写有币种符号的,数字后面不再写货币单位。

(二)所有以元为单位(其他货币种类为货币基本单位,下同)的阿拉伯数字,除表示单价等情况外,一律填写到角分;无角分的,角位和分位可写"00",或者符号"——";有角无分的,分位应当写"0",不得用符号"——"代替。

(三)汉字大写数字金额如零、壹、贰、叁、肆、伍、陆、柒、捌、玖、拾、佰、仟、万、亿等,一律用正楷或者行书体书写,不得用0、一、二、三、四、五、六、七、八、九、十等简化字代替,不得任意自造简化字。大写金额数字到元或者角为止的,在"元"或者"角"字之后应当写"整"字或者"正"字;大写金额数字有分的,分字后面不写"整"或者"正"字。

(四)大写金额数字前未印有货币名称的,应当加填货币名称,货币名称与金额数字之间不得留有空白。

(五)阿拉伯金额数字中间有"0"时,汉字大写金额要写"零"字;阿拉伯数字金额中间连续有几个"0"时,汉字大写金额中可以只写一个"零"字;阿拉伯金额数字元位是"0",或者数字中间连续有几个"0"、元位也是"0"但角位不是"0"时,汉字大写金额可以只写一个"零"字,也可以不写"零"字。

第五十三条 实行会计电算化的单位,对于机制记账凭证,要认真审核,做到会计科目使用正确,数字准确无误。打印出的机制记账凭证要加盖制单人员、审核人员、记账人员及会计机构负责人、会计主管人员印章或者签字。

第五十四条 各单位会计凭证的传递程序应当科学、合理,具体办法由各单位根据会计业务需要自行规定。

第五十五条 会计机构、会计人员要妥善保管会计凭证。

(一)会计凭证应当及时传递,不得积压。

(二)会计凭证登记完毕后,应当按照分类和编号顺序保管,不得散乱丢失。

(三)记账凭证应当连同所附的原始凭证或者原始凭证汇总表,按照编号顺序,折叠整齐,按期装订成册,并加具封面,注明单位名称、年度、月份和起讫日期、凭证种类、起讫号码,由装订人在装订线封签外签名或者盖章。

对于数量过多的原始凭证,可以单独装订保管,在封面上注明记账凭证日期、编号、种类,同时在记账凭证上注明“附件另订”和原始凭证名称及编号。

各种经济合同、存出保证金收据以及涉外文件等重要原始凭证,应当另编目录,单独登记保管,并在有关的记账凭证和原始凭证上相互注明日期和编号。

(四)原始凭证不得外借,其他单位如因特殊原因需要使用原始凭证时,经本单位会计机构负责人、会计主管人员批准,可以复制。向外单位提供的原始凭证复制件,应当在专设的登记簿上登记,并由提供人员和收取人员共同签名或者盖章。

(五)从外单位取得的原始凭证如有遗失,应当取得原开出单位盖有公章的证明,并注明原来凭证的号码、金额和内容等,由经办单位会计机构负责人、会计主管人员和单位领导人批准后,才能代作原始凭证。如果确实无法取得证明的,如火车、轮船、飞机票等凭证,由当事人写出详细情况,由经办单位会计机构负责人、会计主管人员和单位领导人批准后,代作原始凭证。

第三节　登记会计账簿

第五十六条　各单位应当按照国家统一会计制度的规定和会计业务的需要设置会计账簿。会计账簿包括总账、明细账、日记账和其他辅助性账簿。

第五十七条　现金日记账和银行存款日记账必须采用订本式账簿。不得用银行对账单或者其他方法代替日记账。

第五十八条　实行会计电算化的单位,用计算机打印的会计账簿必须连续编号,经审核无误后装订成册,并由记账人员和会计机构负责人、会计主管人员签字或者盖章。

第五十九条　启用会计账簿时,应当在账簿封面上写明单位名称和账簿名称。在账簿扉页上应当附启用表,内容包括:启用日期、账簿页数、记账人员和会计机构负责人、会计主管人员姓名,并加盖名章和单位公章。记账人员或者会计机构负责人、会计主管人员调动工作时,应当注明交接日期、接办人员或者监交人员姓名,并由交接双方人员签名或者盖章。

启用订本式账簿,应当从第一页到最后一页顺序编定页数,不得跳页、缺号。使用活页式账页,应当按账户顺序编号,并须定期装订成册。装订后再按实际使用的账页顺序编定页码。另加目录,记明每个账户的名称和页次。

第六十条　会计人员应当根据审核无误的会计凭证登记会计账簿。登记账簿的基本要求是:

(一)登记会计账簿时,应当将会计凭证日期、编号、业务内容摘要、金额和其他有关资料逐项记入账内,做到数字准确、摘要清楚、登记及时、字迹工整。

(二)登记完毕后,要在记账凭证上签名或者盖章,并注明已经登账的符号,表示已经记账。

(三)账簿中书写的文字和数字上面要留有适当空格,不要写满格;一般应占格距的二分之一。

(四)登记账簿要用蓝黑墨水或者碳素墨水书写,不得使用圆珠笔(银行的复写账簿除外)或者铅笔书写。

(五)下列情况,可以用红色墨水记账:

1. 按照红字冲账的记账凭证,冲销错误记录;

2. 在不设借贷等栏的多栏式账页中,登记减少数;

3. 在三栏式账户的余额栏前,如未印明余额方向的,在余额栏内登记负数余额;

4. 根据国家统一会计制度的规定可以用红字登记的其他会计记录。

(六)各种账簿按页次顺序连续登记,不得跳行、隔页。如果发生跳行、隔页,应当将空行、空页划线注销,或者注明"此行空白"、"此页空白"字样,并由记账人员签名或者盖章。

(七)凡需要结出余额的账户,结出余额后,应当在"借或贷"等栏内写明"借"或者"贷"等字样。没有余额的账户,应当在"借或贷"等栏内写"平"字,并在余额栏内用"Q"表示。

现金日记账和银行存款日记账必须逐日结出余额。

(八)每一账页登记完毕结转下页时,应当结出本页合计数及余额,写在本页最后一行和下页第一行有关栏内,并在摘要栏内注明"过次页"和"承前页"字样;也可以将本页合计数及金额只写在下页第一行有关栏内,并在摘要栏内注明"承前页"字样。

对需要结计本月发生额的账户,结计"过次页"的本页合计数应当为自本月初起至本页末止的发生额合计数;对需要结计本年累计发生额的账户,结计"过次页"的本页合计数应当为自年初起至本页末止的累计数;对既不需要结计本月发生额也不需要结计本年累计发生额的账户,可以只将每页末的余额结转次页。

第六十一条 实行会计电算化的单位,总账和明细账应当定期打印。

发生收款和付款业务的,在输入收款凭证和付款凭证的当天必须打印出现金日记账和银行存款日记账,并与库存现金核对无误。

第六十二条 账簿记录发生错误,不准涂改、挖补、刮擦或者用药水消除字迹,不准重新抄写,必须按照下列方法进行更正:

(一)登记账簿时发生错误,应当将错误的文字或者数字划红线注销,但必须使原有字迹仍可辨认;然后在划线上方填写正确的文字或者数字,并由记账人员在更正处盖章。对于错误的数字,应当全部划红线更正,不得只更正其中的错误数字。对于文字错误,可只划去错误的部分。

(二)由于记账凭证错误而使账簿记录发生错误,应当按更正的记账凭证登记账簿。

第六十三条 各单位应当定期对会计账簿记录的有关数字与库存实物、货币资金、有价证券、往来单位或者个人等进行相互核对,保证账证相符、账账相符、账实相符。对账工作每年至少进行一次。

（一）账证核对。核对会计账簿记录与原始凭证、记账凭证的时间、凭证字号、内容、金额是否一致，记账方向是否相符。

（二）账账核对。核对不同会计账簿之间的账簿记录是否相符，包括：总账有关账户的余额核对，总账与明细账核对，总账与日记账核对，会计部门的财产物资明细账与财产物资保管和使用部门的有关明细账核对等。

（三）账实核对。核对会计账簿记录与财产等实有数额是否相符。包括：现金日记账账面余额与现金实际库存数相核对；银行存款日记账账面余额定期与银行对账单相核对；各种财物明细账账面余额与财物实存数额相核对；各种应收、应付款明细账账面余额与有关债务、债权单位或者个人核对等。

第六十四条　各单位应当按照规定定期结账。

（一）结账前，必须将本期内所发生的各项经济业务全部登记入账。

（二）结账时，应当结出每个账户的期末余额。需要结出当月发生额的，应当在摘要栏内注明“本月合计”字样，并在下面通栏划单红线。需要结出本年累计发生额的，应当在摘要栏内注明“本年累计”字样，并在下面通栏划单红线；12月末的“本年累计”就是全年累计发生额。全年累计发生额下面应当通栏划双红线。年度终了结账时，所有总账账户都应当结出全年发生额和年末余额。

（三）年度终了，要把各账户的余额结转到下一会计年度，并在摘要栏注明“结转下年”字样；在下一会计年度新建有关会计账簿的第一行余额栏内填写上年结转的余额，并在摘要栏注明“上年结转”字样。

第四节　编制财务报告

第六十五条　各单位必须按照国家统一会计制度的规定，定期编制财务报告。

财务报告包括会计报表及其说明。会计报表包括会计报表主表、会计报表附表、会计报表附注。

第六十六条　各单位对外报送的财务报告应当根据国家统一会计制度规定的格式和要求编制。

单位内部使用的财务报告，其格式和要求由各单位自行规定。

第六十七条　会计报表应当根据登记完整、核对无误的会计账簿记录和其他有关资料编制，做到数字真实、计算准确、内容完整、说明清楚。

任何人不得篡改或者授意、指使、强令他人篡改会计报表的有关数字。

第六十八条　会计报表之间、会计报表各项目之间，凡有对应关系的数字，应当相互一致。本期会计报表与上期会计报表之间有关的数字应当相互衔接。如果不同会计年度会计报表中各项目的内容和核算方法有变更的，应当在年度会计报表中加以说明。

第六十九条　各单位应当按照国家统一会计制度的规定认真编写会计报表附注及其说明，做到项目齐全，内容完整。

第七十条　各单位应当按照国家规定的期限对外报送财务报告。

对外报送的财务报告，应当依次编定页码，加具封面，装订成册，加盖公章。封面上应当注明：单位名称，单位地址，财务报告所属年度、季度、月度，送出日期,并由单位领导人、总会计师、会计机构负责人、会计主管人员签名或者盖章。

单位领导人对财务报告的合法性、真实性负法律责任。

第七十一条　根据法律和国家有关规定应当对财务报告进行审计的,财务报告编制单位应当先行委托注册会计师进行审计,并将注册会计师出具的审计报告随同财务报告按照规定的期限报送有关部门。

第七十二条　如果发现对外报送的财务报告有错误,应当及时办理更正手续。除更正本单位留存的财务报告外,并应同时通知接受财务报告的单位更正。错误较多的,应当重新编报。

第四章　会计监督

第七十三条　各单位的会计机构、会计人员对本单位的经济活动进行会计监督。

第七十四条　会计机构、会计人员进行会计监督的依据是:

(一)财经法律、法规、规章;

(二)会计法律、法规和国家统一会计制度;

(三)各省、自治区、直辖市财政厅(局)和国务院业务主管部门根据《中华人民共和国会计法》和国家统一会计制度制定的具体实施办法或者补充规定;

(四)各单位根据《中华人民共和国会计法》和国家统一会计制度制定的单位内部会计管理制度;

(五)各单位内部的预算、财务计划、经济计划、业务计划等。

第七十五条　会计机构、会计人员应当对原始凭证进行审核和监督。

对不真实、不合法的原始凭证,不予受理。对弄虚作假、严重违法的原始凭证,在不予受理的同时,应当予以扣留,并及时向单位领导人报告,请求查明原因,追究当事人的责任。

对记载不准确、不完整的原始凭证,予以退回,要求经办人员更正、补充。

第七十六条　会计机构、会计人员对伪造、变造、故意毁灭会计账簿或者账外设账行为,应当制止和纠正;制止和纠正无效的,应当向上级主管单位报告,请求作出处理。

第七十七条　会计机构、会计人员应当对实物、款项进行监督,督促建立并严格执行财产清查制度。发现账簿记录与实物、款项不符时,应当按照国家有关规定进行处理。超出会计机构、会计人员职权范围的,应当立即向本单位领导报告,请求查明原因,作出处理。

第七十八条　会计机构、会计人员对指使、强令编造、篡改财务报告行为,应当制止和纠正;制止和纠正无效的,应当向上级主管单位报告,请求处理。

第七十九条　会计机构、会计人员应当对财务收支进行监督。

(一)对审批手续不全的财务收支,应当退回,要求补充、更正。

(二)对违反规定不纳入单位统一会计核算的财务收支,应当制止和纠正。

(三)对违反国家统一的财政、财务、会计制度规定的财务收支,不予办理。

(四)对认为是违反国家统一的财政、财务、会计制度规定的财务收支,应当制止和纠正;制止和纠正无效的,应当向单位领导人提出书面意见请求处理。

单位领导人应当在接到书面意见起十日内作出书面决定,并对决定承担责任。

(五)对违反国家统一的财政、财务、会计制度规定的财务收支,不予制止和纠正,又不向单位领导人提出书面意见的,也应当承担责任。

(六)对严重违反国家利益和社会公众利益的财务收支,应当向主管单位或者财政、审计、税务机关报告。

第八十条 会计机构、会计人员对违反单位内部会计管理制度的经济活动,应当制止和纠正;制止和纠正无效的,向单位领导人报告,请求处理。

第八十一条 会计机构、会计人员应当对单位制定的预算、财务计划、经济计划、业务计划的执行情况进行监督。

第八十二条 各单位必须依照法律和国家有关规定接受财政、审计、税务等机关的监督,如实提供会计凭证、会计账簿、会计报表和其他会计资料以及有关情况,不得拒绝、隐匿、谎报。

第八十三条 按照法律规定应当委托注册会计师进行审计的单位,应当委托注册会计师进行审计,并配合注册会计师的工作,如实提供会计凭证、会计账簿、会计报表和其他会计资料以及有关情况,不得拒绝、隐匿、谎报,不得示意注册会计师出具不当的审计报告。

第五章 内部会计管理制度

第八十四条 各单位应当根据《中华人民共和国会计法》和国家统一会计制度的规定,结合单位类型和内容管理的需要,建立健全相应的内部会计管理制度。

第八十五条 各单位制定内部会计管理制度应当遵循下列原则:

(一)应当执行法律、法规和国家统一的财务会计制度。

(二)应当体现本单位的生产经营、业务管理的特点和要求。

(三)应当全面规范本单位的各项会计工作,建立健全会计基础,保证会计工作的有序进行。

(四)应当科学、合理,便于操作和执行。

(五)应当定期检查执行情况。

(六)应当根据管理需要和执行中的问题不断完善。

第八十六条 各单位应当建立内部会计管理体系。主要内容包括:单位领导人、总会计师对会计工作的领导职责;会计部门及其会计机构负责人、会计主管人员的职责、权限;会计部门与其他职能部门的关系;会计核算的组织形式等。

第八十七条 各单位应当建立会计人员岗位责任制度。主要内容包括:会计人员的工作岗位设置;各会计工作岗位的职责和标准;各会计工作岗位的人员和具体分工;会计工作岗位轮换办法;对各会计工作岗位的考核办法。

第八十八条 各单位应当建立账务处理程序制度。主要内容包括:会计科目及其明细科目的设置和使用;会计凭证的格式、审核要求和传递程序;会计核算方法；会计账簿的设置；编制会计报表的种类和要求；单位会计指标体系。

第八十九条　各单位应当建立内部牵制制度。主要内容包括：内部牵制制度的原则；组织分工；出纳岗位的职责和限制条件；有关岗位的职责和权限。

第九十条　各单位应当建立稽核制度。主要内容包括：稽核工作的组织形式和具体分工；稽核工作的职责、权限；审核会计凭证和复核会计账簿、会计报表的方法。

第九十一条　各单位应当建立原始记录管理制度。主要内容包括：原始记录的内容和填制方法；原始记录的格式；原始记录的审核；原始记录填制人的责任；原始记录签署、传递、汇集要求。

第九十二条　各单位应当建立定额管理制度。主要内容包括：定额管理的范围；制定和修订定额的依据、程序和方法；定额的执行；定额考核和奖惩办法等。

第九十三条　各单位应当建立计量验收制度。主要内容包括：计量检测手段和方法；计量验收管理的要求；计量验收人员的责任和奖惩办法。

第九十四条　各单位应当建立财产清查制度。主要内容包括：财产清查的范围；财产清查的组织；财产清查的期限和方法；对财产清查中发现问题的处理办法；对财产管理人员的奖惩办法。

第九十五条　各单位应当建立财务收支审批制度。主要内容包括：财务收支审批人员和审批权限；财务收支审批程序；财务收支审批人员的责任。

第九十六条　实行成本核算的单位应当建立成本核算制度。主要内容包括：成本核算的对象；成本核算的方法和程序；成本分析等。

第九十七条　各单位应当建立财务会计分析制度。主要内容包括：财务会计分析的主要内容；财务会计分析的基本要求和组织程序；财务会计分析的具体方法；财务会计分析报告的编写要求等。

第六章　附　则

第九十八条　本规范所称国家统一会计制度，是指由财政部制定、或者财政部与国务院有关部门联合制定、或者经财政部审核批准的在全国范围内统一执行的会计规章、准则、办法等规范性文件。

本规范所称会计主管人员，是指不设置会计机构、只在其他机构中设置专职会计人员的单位行使会计机构负责人职权的人员。

本规范第三章第二节和第三节关于填制会计凭证、登记会计账簿的规定，除特别指出外，一般适用于手工记账。实行会计电算化的单位，填制会计凭证和登记会计账簿的有关要求，应当符合财政部关于会计电算化的有关规定。

第九十九条　各省、自治区、直辖市财政厅（局）、国务院各业务主管部门可以根据本规范的原则，结合本地区、本部门的具体情况，制定具体实施办法，报财政部备案。

第一百条　本规范由财政部负责解释、修改。

第一百零一条　本规范自公布之日起实施。1984年4月24日财政部发布的《会计人员工作规则》同时废止。

教育部　财政部全国财政职业教育教学指导委员会审定
全国高职高专院校财会系列教材简介

书　名	主　编	书　号
基础会计(第三版) Principles of Accounting	李惟庄	F. 2710
基础会计(第三版)实训与练习 Training for Principles of Accounting	李惟庄	F. 2711
财务会计(第三版) Financial Accounting	程坚　黄正梅	F. 2543
财务会计(第三版)实训与练习 Training for Financial Accounting	程坚　黄正梅	F. 2560
成本会计 Principles of Cost Accounting	杨翠萍　李洁	F. 7069
成本会计实训与练习 Training for Principles of Cost Accounting	杨翠萍　李洁	F. 7070
财务管理 Financial Management	杨欣	F. 7071
财务管理实训与练习 Training for Financial Management	杨欣	F. 7072
管理会计 Management Accounting	孙振丹　窦乐江	F. 7073
管理会计实训与练习 Training for Management Accounting	孙振丹　窦乐江	F. 7074
审计(第二版) Principles of Auditing	苗美华	F. 8586
审计(第二版)实训与练习 Training for Principles of Auditing	苗美华	F. 8587
纳税筹划 Tax Paying Planning	梁伟样	F. 7077
纳税筹划实训与练习 Training for Tax Paying Planning	梁伟样	F. 7078
会计电算化(第二版) Computer-based Accounting	刘东辉　张洪波	F. 0510
会计电算化(第二版)实训与练习 Training for Computer-based Accounting	张洪波　刘东辉	F. 0016
会计基础(第三版)(非会计专业使用) Essentials of Accounting(Non-accounting major)	丁增稳	F. 2561
会计综合实训 Accounting Integrated Practice	苗美华	F. 2579

图书订购单

（可复印使用）

第一步：请您填写以下资料：

单位名称：　　　　　　　　　　　　收书人：

发货(邮寄)地址：　　　　　　　　　邮　编：

联系电话：　　　　　　　　　　　　E-mail:

第二步：请您填写您所选购的图书及册数：

图书名称(请注明版次)	数　量	单　价	合　计
合　计			

第三步：请您到邮局将款项汇至以下地址：

收款人：李岩　张铮

地　址：北京市海淀区阜成路甲 28 号中国财政经济出版社 902 室

邮　编：100036

电　话：010-88190964　　88190960

传　真：010-88190964

第四步：请确认您是否需要增值税票，如果需要请在传真中注明您的增值税信息：

☐开具增值税发票　　　　　　　☐开具普通发票

第五步：如果您想了解其他详细情况，请垂询销售热线：

电话：010-88190964　　88190960

第六步：请确认后签名并传真至出版社：

客户：

日期：

如果您想了解教材其他情况或有意参与教材的编写，请联系我们：

E-mail：liyan@cfeph.cn　　fanmin@cfeph.cn

电　话：010-88190964　　88190905